저항하는 청계천

| 일러두기 |

- 별노의 삭자 표시가 없는 본문의 사진은 모두 저자가 촬영한 것입니다.

최인기 지음

저항하는
청계천

서울 도심 개발과
밀려난 사람들의
역사

나름북스

청계천 지도

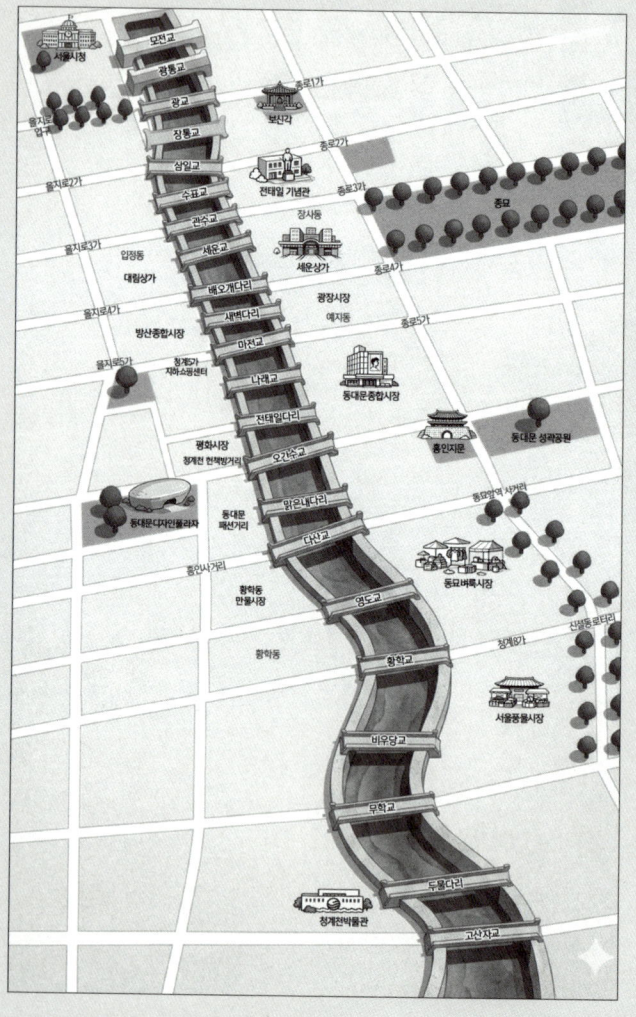

서울시청
모전교
광통교
광교
장통교
삼일교
수표교
관수교
세운교
배오개다리
새벽다리
마전교
나래교
전태일다리
오간수교
맑은내다리
다산교
영도교
황학교
비우당교
무학교
두물다리
고산자교

을지로입구역
을지로2가
을지로3가
을지로4가
을지로5가

입정동
대림상가
방산종합시장
청계5가
지하쇼핑센터

평화시장
청계천 헌책방거리
동대문디자인플라자
흥인사거리
황학동
만물시장
황학동

보신각
전태일 기념관
종로1가
종로2가
종로3가
종로4가
장사동
세운상가
광장시장
예지동
종로5가
종묘
동대문종합시장
흥인지문
동대문 성곽공원
동대문
패션거리
동대문역 성곽관
동묘벼룩시장
신설동로터리
청계8가
서울풍물시장
청계천박물관

청계천 개발과 투쟁 연표

조선시대	
1392년	태조 이성계 조선 건국
1411년	태종, 개천도감 설치, 준설 작업 시작
1601년	선조, 동관왕묘(동묘) 완공
1760년	영조, 대규모 준설 및 석축 공사, 수표교 정비

근 · 현대 복개 및 고가도로	
1905년	광장주식회사(현 광장시장) 설립
1914년	'개천' 대신 '청계천淸溪川' 명칭 사용 시작
1926년	경성체육관 완공
1937년	일제강점기, 광교~청계6가 복개 공사 착공
1958년	청계천 전 구간 복개(시멘트 수로화) 착공
1962년	평화시장 개장
1964년	동대문 실내스케이트장 개장
1966년	세운상가 건립 계획, 일대 철거
1967년	청계고가도로 착공, 동대문아파트 완공
1968년	노무라 모토유키 목사 첫 청계천 방문
1969년	삼일아파트 준공
1970년	전태일 열사 분신
1973년	창신동 동대문맨션아파트 완공

복원과 현재	
2000년 8월	청계고가도로 정밀 안전진단 실시, 철거 논의 시작
2002년 7월 1일	이명박 서울시장 임기 시작
2002년 7월	청계천 복원 계획 공식 발표
2002년 8월	청계천상권수호대책위원회 결성
2002년 8월 23일	청계천 노점상 박봉규, 중구청 단속에 항의하며 분신 사망
2002년 9월	청계천복원시민위원회 발족

2003년 2월 11일	청계천 복원 사업 기본계획 발표
2003년 2월	일방적 퇴거 정책에 반대하며 청계천 인근 노점상 대책위원회 결성
2003년 7월 1일	청계고가도로 철거 시작으로 청계천 복원 사업 착공, 노점상 생존권 요구하며 저항
2003년 11월 29일	경찰 4,500여 명, 공무원 3,500여 명, 노숙인 · 용역인력 2,300여 명 동원해 노점상 행정대집행
2004년 1월	동대문운동장 축구장으로 청계천 강제 철거 노점상 이전, 풍물벼룩시장 개장
2004년 2월	청계천에서 대규모 유적 발견
2004년 5월	서울시의 불통에 항의하며 청계천복원시민위원회 위원 20여 명 사퇴
2004년 6월	참여연대 등 14개 단체, 올바른청계천복원을위한연대회의 구성
2005년 6~11월	삼일아파트 일부 철거
2005년 10월 1일	청계천 복원 완공 및 시민 개방
2006년 7월 1일	오세훈 서울시장 임기 시작
2006년 7월	세운상가 재정비 촉진지구 지정
2006년 10월	동대문운동장 공원화 및 디자인플라자 계획 발표
2007년 6월	동대문운동장철거반대와보존을위한공동대책위 결성
2007년 7월	동대문운동장 내 풍물시장 노점 강제퇴거 명령
2007년 12월 18일	동대문운동장 철거 시작, 전국빈민연합 등 상인 단체 포클레인 저지 농성
2008년 1월	동대문운동장 유물 출토, 문화재 발굴 조사 착수
2008년 5월	청계천 노점상, 동대문구 신설동 '청계천 풍물벼룩시장'으로 재이전, 개장
2009년 4월 28일	동대문디자인플라자 착공식
2009년 5월	세운 4구역 입구 현대상가 철거
2009년 6월	유적 발견에 따라 동대문역사문화공원 조성 계획 확정
2010년 6월 10일	청계천 철거 후 대체상가 가든파이브, 송파구에 개장
2011년 10월 27일	박원순 서울시장 임기 시작
2013년 5~6월	서울시 중구청, 평화시장 · 황학동 일대 노점상 단속
2014년 3월	동대문디자인플라자 개관

2014년 3월 7일	구둣방 노점상 조병호 씨, 노점 단속 반대 집회 후 사망
2015년 7~12월	세운 3-1, 4, 5구역 사업 시행 인가
2016년 1월 28일	세운상가군 재생사업 '다시세운프로젝트' 착수 발표
2017년 9월	세운상가–대림상가 공중보행교 개통
2018년 7월	문화연대 · 도시연구자 · 예술가 등 '을지로를 지키는 사람들' 문화행동
2018년 12월	세운 3-1, 4, 5구역 철거 시작, 청계천을지로보존연대 결성
2019년 1월	을지면옥 철거 반대 캠페인
2019년 6월 18일	청계천을지로보존연대 · 비대위 · 산업용재협회 서울지회, 재개발 반대 공동 집회
2020년 11월	을지로 인쇄골목 재개발 계획 갈등 확대, 상인 및 단체 보존 요구
2021년 4월 8일	오세훈 서울시장 임기 시작
2021년 9월	종묘–세운상가–남산 연결 공중보행로 계획 발표
2022년 4월	'다시세운프로젝트' 폐기, 세운상가군 철거 등 녹지생태도심 전략 발표
2022년 4월 21일	6번째 강제집행으로 을지OB베어 철거
2022년 6월 25일	재개발 대상 을지로3가 을지면옥 영업 종료
2023년 10월	세운4구역 재정비계획 변경 고시, 높이 규제 완화 및 초고층 개발 가능
2025년 5월 28일	세운상가 인근 화재
2025년 10월	종묘 인근 초고층 개발 계획 둘러싸고 문화재 경관 훼손 논쟁 확대

차례

1부
청계천, 시간의 강을 거슬러

1장 　청계천의 과거

2장 　청계천을 보는 다른 시선

청소년 시절, 나는 청계천에서 살았다. 부모님을 따라 상경했을 때의 서울은 무척 낯설었다. 도시의 화려한 조명, 위압적인 경관, 끝없이 이어지는 자동차 행렬을 넋 놓고 바라보던 기억과 산꼭대기까지 빽빽하게 들어선 판잣집의 강렬한 인상은 지금도 선명하다. 청계천 삼일 아파트 근처에는 이발소, 양장점, 세탁소, 방앗간, 그리고 생필품을 팔던 구멍가게가 있었다. 하지만 이제는 그 흔적조차 찾아보기 어렵다.

한동안 청계천을 떠나 살다가 최근 다시 이곳으로 돌아왔다. 창밖으로 창신동이 보이고, 길게 이어진 동대문아파트 사이로 청계천이 흐른다. 청계천만 봐도 그렇듯 대한민국은 세계 어느 나라보다 빠르게 변했다. 그러나 그 변화가 사람들을 더 행복하게 만들었을까? 공간의 변모는 때로 알 수 없는 안타까움과 허전함을 남긴다.

어떤 도시에 들어설 때마다 공간이 주는 낯선 감각을 경험한다. 소설의 한 장면을 떠올리거나, 영화나 노래의 배경을 겹쳐보기도 한다. 도로와 건물의 형태를 관찰하고, 그 속에서 살아가는 사람들의 삶을 엿보며 내가 겪은 시간과 비교한다. 논 한가운데 놓인 커다란 돌덩이를 농부는 농사에 방해가 되는 장애물로 여길 것이다. 누군가에게는 건물을 짓거나 도로를 내기 위해 치워야 할 돌덩이에 불과할 수도 있다. 그러나 학자의 눈에는 수천 년 전 사람들의 흔적이 깃든 유산으로 보일 수 있다. 공간을 바라보는 인식은 이렇게 다양하고, 그 차이가 우리가 사는 도시의 의미를 풍부하게 만든다.

역사 문화의 가치를 부여하는 시선과 그저 돌덩이로 여기는 인식의 차이처럼, 서울 곳곳에서도 공간을 둘러싼 대립과 갈등이 끊이지 않는다. 청계천 사람들은 정부의 지원 없이 스스로 삶의 터전을 일구며 살아왔다. 다양한 업종이 모여 서로 연결되고 의지하며, 촘촘한 생활 공동체를 이루었다. 그러나 서울시의 정책은 이들의 삶에 커다란 변화를 불러왔다. 대표적인 것이 청계천 복원 사업과 동대문운동장 철거, 그리고 최근 청계천·을지로 일대에서 진행되는 대규모 개발 사업이다.

서울시는 청계천 주변 이해당사자와의 대화를 통해 사회적 합의를 끌어냈다고 했다. 또 청계천 복원 사업이 세계적으로 유례없는 성공을 거뒀다고 홍보했다. 그러나 현실은 달랐다. 거리는 누구의 소유도 아니건만, 행정은 법의 잣대만으로 공간을 재단했다. 협치의 과정은 충분하지 않았고, 통제와 관리가 앞섰다. 그 결과 일부 현장은 시민의 세금으로 운영되는 철거 용역의 폭력이 난무하는 공간이 되었다.

이 책은 대화, 상생, 연대라는 세 가지 키워드를 중심에 두고 이야기를 풀어간다. 도시 정책이 생계의 터전을 이루는 사람들의 삶을 어떻게 변화시키고 규율해 왔는지, 그 과정이 누구의 이익으로 귀결되었는지를 살펴본다. 또한 이러한 변화 속에서 우리의 인식이 어떻게 달라져 왔는지도 추적한다. 가난한 이들을 계속 밀어내는 도시의 현실을 기록한 이 책은 일종의 중간보고서다. 세월이 흐른 뒤에도 책 속 공간과 사람들의 삶이 어떻게 변해 가는지 꾸준히 살피고 기록하겠다는 다짐이기도 하다.

거리 곳곳, 고단한 삶의 자리에서 실낱같은 희망을 놓지 않는 사람들을 만나고 기록하며, 그들의 목소리를 함께 내기 위해 글과 사진을 선택했다. 돌이켜보면 내가 써온 글과 찍어온 사진은 언제나 도시와 가난의 이야기였다. 이 책도 다르지 않다. 청계천을 걸으며 메모하고 수집해 온 글과 사진을 한데 모았다. 카메라를 든 서툰 사람에게 마음을 열어준 낯선 도시의 이들, 손등의 주름처럼 굴곡진 생을 기꺼이 들려준 상인과 골목 어르신

들께 깊이 감사드린다. 그들의 이야기를 듣는 일은 어떤 위인전을 읽는 것보다 더 깊게 마음을 울렸다.

이 책은 청계천을지로보존연대 활동의 경험과 자료를 바탕으로 하고 있다. 그리고 2023년부터 2024년까지 1년 2개월 동안 서울구치소에 갇혀 있던 시기, 청계천에서 보낸 어린 시절을 떠올리며 틈틈이 생각을 정리했다. 각인된 기억은 우연한 계기를 통해 언제든 되살아나는 법이다.

서울 강남과 노량진수산시장, 청계천 인근 노점 단속에 맞서다 구속되었지만, 저항하는 이들에게 감옥은 또 하나의 학교였다. 그 기간 많은 독서를 하고 자료를 정리할 수 있도록 도움을 주신 분들께 깊이 감사드린다. 특히 적은 수임료로 정성을 다해주신 이덕우 변호사와 류하경 변호사께 지면을 빌려 감사를 전한다. 또한 자신과 세상의 가난을 극복하기 위해 밤낮없이 뛰어다닌 빈민운동 선배들과 활동가들에게도 고마움을 전한다. 그들과 함께 겪은 고통과 회한은 나의 삶에 큰 원동력이 되었다. 쌓인 애증이 있다면 훌훌 털어냈으면 한다.

나의 삶과 작업에 깊은 영향을 준 스승도 있다. 멀리 일본에서 격려를 아끼지 않으시며, 가난한 빈민운동가에게 고가의 라이카 카메라를 선뜻 지원해 주신 노무라 모토유키野村基之 할아버지께 감사드린다. 사진과 글이 얄 팍한 잔재주가 되지 않도록 자신을 살피고, 긴 호흡으로 멀리 보며 정진하라는 응원을 받았다. 안타깝게도 이 글을 마칠 무렵 고인이 되셨다.

부모님께 청계천 이야기를 책으로 쓴다고 말씀드렸다. 어린 시절을 함께 떠올리며 가족과 이야기꽃을 피웠다. 신평화시장에서 한평생 옷 장사를 하신 어머니는 대견하다며 어깨를 두드려 주셨고, 아흔이 훌쩍 넘으신 아버지께서도 책이 출간되면 머리맡에 두고 보실 것이다. 잘난 것 없는 아들이지만, 묵묵히 지켜봐 주는 사람들이 있기에 이번에도 책 한 권을 세상에 내놓는다.

이제 청계천이 어떻게 계획되고 변했는지, 시대의 가난을 공간적 시각으로 바라보며 기억을 더듬고 경험한 이야기를 펼쳐 보겠다.

1부

청계천,
시간의 강을 거슬러

1장   청계천의 과거

자전거로 청계천의 사시사철을 보며 출퇴근한다. 반복
되는 일상이라 도시 관찰이 무뎌질 법도 하지만, 이곳의
빠른 개발과 변화는 언제나 새로운 감각을 일깨운다. 서
울시청을 끼고 광화문광장 방향으로 달리다 보면 현대
미술가 클라스 올든버그의 작품 '스프링'을 지나게 된다.
이 지점을 시작으로 청계천이 본격적으로 모습을 드러
낸다. 어느 퇴근길에는 청계광장에서 농민들이 직거래
장터를 열고 있었고, 의성군 특산물이라는 복숭아를 사
서 페달을 밟아 집으로 돌아온 기억도 있다.

   청계천을 이해하려면 먼저 북악산·인왕산·남산으
로 둘러싸인 서울 사대문의 지형부터 살펴봐야 한다. 한
반도는 동쪽이 높고 서쪽이 낮은 동고서저東高西低 지형이
어서 대부분 하천은 동쪽에서 서쪽으로 흐른다. 그러나
서울은 광화문 방향의 고도가 더 높다. 청계천은 여러
지천을 중앙으로 모은 뒤, 왕십리 밖 한양대학교 근처
의 살곶이다리에서 중랑천과 합류해 한강을 거쳐 서해
로 빠져나간다. 사는 곳이 청계천 흥인지문 근처 창신동
이고, 사무실이 청파동에 있다 보니 출근길과 퇴근길에

서 물의 흐름 방향과 고도 차이가 몸으로 느껴진다. 측정 지점에 따라 길이는 조금씩 다르지만, 청계천 박물관까지 약 5.3킬로미터, 한강 합류 지점까지는 약 10킬로미터이며, 최대 너비는 84미터에 이른다. 이 일대를 통상 청계천 주변으로 부른다.

1. 한양 천도와 개천開川

조선 왕조가 한양으로 천도할 당시 청계천은 자연 하천 그대로였고, 여름철이면 홍수로 민가가 침수되기 일쑤였다. 평소에도 오염이 심해 위생 상태가 좋지 않았으나 생활 기반이 부족했던 사람들이 모여 살던 곳이어서 지속적인 준설이 필요했다.

태종 11년(1411)에는 『태종실록』에 기록된 대로 하천 정비를 위해 임시 기구인 개거도감을 설치해 공사를 시행했다. 전국에서 5만 명이 넘는 인력이 동원되어 자연 하천을 개천 형태로 정비한 것으로 전해진다.[1] 이 지역이 한양 도성 운영에서 중요한 공간이었음을 보여주는 대목이다. 이후에도 청계천 준설은 장기간 이어졌다. 영조 36년(1760)에는 준천사가 설치됐다. 하천 바닥을 파

---

[1]   전우용 외, 『청계천박물관』, 청계천박물관, 2015, 19쪽.

물 흐름을 안정시키고, 양쪽에 석축을 쌓아 도성 내부로 물이 넘치지 않도록 높이는 등 본격적인 개천 사업이 추진됐다. 『영조실록』에는 약 20만 명이 동원된 대규모 공사였다고 기록되어 있다. 57일 동안 쌀 2,300석이 투입되어 생계가 어려운 주민들에게 일종의 공공근로 역할을 했다는 점도 주목할 만하다.[2] 준설 작업은 순조와 고종시기까지 이어졌다.

지금은 흔적을 찾아보기 어렵지만, 당시 모래와 돌을 퍼내며 만들어진 작은 언덕-가산 또는 조산-이 지금의 청계천 5가와 6가 사이에 있었다고 한다. 버드나무가 심어져 오간수문 일대, 흥인지문과 오늘의 동대문디자인플라자DDP 근처가 명소로 꼽히기도 했다. 어느 날 자전거를 타고 그 흔적을 찾으려 한참을 둘러본 적이 있는데, '닭한마리 골목'에서 청계천으로 내려가는 작은 경사가 당시 언덕의 위치로 추정되기도 한다. 만약 그 지점이 맞다면, 해당 유래를 알리는 표지라도 설치할 필요가 있지 않을까 한다.

조선 왕조가 건국된 뒤 600여 년 동안 청계천은 시대의 산물이자 표상으로서 다양한 건축물과 문화유적을

---

2 같은 책, 32쪽.

남겼다. 북촌과 남촌으로 갈라진 개천을 연결하기 위해 수표교 · 오간수교 · 광교 · 영미교 · 관수교 등 24개의 다리가 차례대로 놓였다. 또한, 조선시대에 병사의 시험과 무예 연습, 병서 강습을 맡았던 관청 훈련원 터가 자리하며, 청계천 8가 인근에는 삼국지의 관우를 모신 사당인 동묘가 지금까지 비교적 온전히 보존돼 있다.

청계천 상류는 을지로와 종로 사이를 흐른다. 많은 사람이 구름처럼 모였다가 흩어지는 거리라는 뜻에서 유래한 '운종가'는 지금의 종로를 일컫는다. 이 일대에 시전 상인들이 자리했고, 시전을 유지하려면 이를 뒷받침하는 공급지가 필요했다. 양반과 달리 상품을 직접 제작해 공급하던 기술직 수공업자, 즉 중인들은 청계천 주변에 모여 살았다.[3] 서울 도성을 이해하는 데 청계천 주변의 역사는 이처럼 중요한 단서를 제공한다.

2. 생산과 유통의 출발지

청계천은 전통적으로 제조업을 중심으로 산업생태계를 형성해 왔다. 사대문 한복판을 관통하는 개천 주변에는 사람이 모여 살고 교통이 발달했으며 기반 시설이 갖추

---

3   같은 책, 50쪽.

청계고가도로 출발 지점

어져 있었다. 덕분에 도시 소비를 충족시키는 도심형 공업과 다양한 업종이 자연스럽게 자리 잡았다. 대표적으로 의류, 인쇄, 제화 등 노동집약적 가내수공업이 발달했고, 평화시장을 중심으로 한 의류 산업과 인현동·주자동 일대의 인쇄업이 형성됐다. 입정동에는 기계업종과 공구상이 모여 도소매 기능과 산업적 연계를 담당하며 지금까지 이어오고 있어, 청계천 지역 산업의 오랜 역사를 보여준다.[4]

4   전우용 외, 『청계천: 시간, 장소, 사람』, 서울시립대 부설 서울학연구소, 2001, 57쪽.

이 책에선 산업생태계를 중요하게 다룬다. 자연생태계에서 종species이 분포하듯, 하나의 산업과 연관 산업을 대응시켜 지역 내 주요 산업, 연관 산업, 소비자, 정부, 환경 등 구성 요소가 상호 연결되고 경쟁과 협력을 통해 운명을 공유하는 경제 공동체로 정의할 수 있다.[5]

현대사회로 접어들면서 도시형 제조업을 둘러싼 논쟁도 이어지고 있다. 대표적인 것이 '도심부 적격 업종' 문제다. 도심 내 업종을 원도심 과밀 억제 정책에 따라 입지 적합 여부로 구분하지만, 실제로는 변별이 모호한 경우가 많다. 서울에서도 청계천 주변 제조업체가 밀집한 중구의 부동산 임대 수익률은 높은 편이며, 지방세 세수 비중도 25개 자치구 중 두 번째를 차지한다. 비중은 예전보다 다소 줄었지만, 서울 전체 제조업의 생산액은 1985년 수준을 웃돌며 유지되고 있다. 따라서 후기 산업사회 주축인 파이어FIRE 산업[6]이 발휘하는 성장 효과가 제조업으로 인해 반감된다고 보기는 어렵다.[7] 토지 이용 규제, 작업공간을 제거한 도심 재개발 사업, 정부 정책

5   금기용 외, 『서울시 우리 동네 특화업종 생태계 연구』, 서울연구원, 2013, 5쪽.

6   직접 생산이 아닌 이를 지원하는 서비스 중심의 경제 활동 중 금융업, 보험업, 부동산
     중개업, 임대업의 영문 앞 글자를 따 'FIRE 산업'이라고 부른다.

7   심한별, 「서울 도심부 도시형태 및 생산활동의 변화에 대한 제도주의적 해석」, 서울대
     학교 대학원 박사학위논문, 2013, 4쪽.

1970년대 청계천 하류의 판자촌 | 노무라 모토유키

의 배타적 태도 등으로 제조업의 입지는 제한되었지만, 서울 도심부에서 제조업은 여전히 지속되고 있다.

3. 한국 근대화의 상징

청계천이라는 이름이 본격적으로 사용되기 시작한 것은 일제강점기, 1914년경 하천을 조사하면서부터다. 현재 서울이 한강을 기준으로 강남과 강북으로 나뉘듯, 이 시기 청계천을 중심으로 북촌과 남촌이 구분되었다. 도시 계획 성격의 대규모 공사가 진행되면서 남촌은 일본인이 모여 사는 신도시 형태로 '마치町'라는 명칭이 붙었다. 반면 오래된 북촌은 낙후한 구도심으로 구획되어, 사실상 차별받는 지역이 되었다. 과거에도 현재에도 도시 개발은 지역 간 격차를 만들어내는 특징이 있는 셈이다.

또 다른 경계는 동대문 외곽, 도성 바깥 지역이다. 청계천 하류 가운데 넓은 구간은 현재보다 하상 폭이 약 100미터로 넓었으며, 그 둑 위에 3~4미터 높이의 둑길이 있어 기동차가 횡단할 수 있었다. 1930년대 경성궤도주식회사는 동대문에서 왕십리와 뚝섬을 연결하는 노면전차를 운행했는데, 지금도 청계천 7가 사거리 삼호호텔(현 바티카호텔) 뒤 주차장 자리에서 그 흔적을 희미하게 확인할 수 있다.

한국전쟁은 청계천으로 사람들이 모여드는 계기가 되었다. 둑길과 하천 사이에 판자촌이 형성되며 피난민과 월남민의 주거지가 되었다. 일자리를 찾아 서울로 상경한 사람들은 청계천 변으로 몰려들어 도로 인접 가장자리에 나무 버팀목을 세우고 그 위에 판자를 깔아 집을 지었다.[8] 화장실은 요강으로 대체하거나 인근 공동화장실을 이용했으며, 일부는 청계천에 버리기도 했다. 주방 시설은 부족해, 거리에서 공동 화로를 사용하거나 곤로

---

8   노무라 모토유키, 『노무라 리포트: 청계천변 판자촌 사람들 1973-1976』, 눈빛, 2013.

(풍로)를 설치해 조리했으나 화재로 집이 전소되는 사례도 흔했다.[9] 이들의 직업 가운데 노점상이 많았으며, 청계천 일대에서 생산된 상품을 적은 자본으로 구해 길가에 늘어놓고 판매하며 문전성시를 이뤘다. 가난한 사람들은 청계천 변에서 생계와 주거를 자구하고 같은 공간에서 생활을 공유하면서 장소 기반의 문화적 정체성을 형성했다.[10] 이 시기부터 청계천은 사람들에게 복잡하고 무질서한 이미지로 기억되기 시작했다.

서울이 급격히 확장되고 인구가 폭발적으로 증가하면서, 청계천 위를 아스팔트로 덮는 복개 공사가 시작되었다. 서울시는 3개년 계획으로 1958년 공사에 착수하여 답십리동 신답초등학교 앞까지 진행했다. 공사비는 ICA(국제협조처) 자금 20만 달러와 국비 6억 원으로 충당했다.[11] 그 위로 김포공항에서 미군 휴양지였던 워커힐 호텔까지 연결되는 고가도로가 1967년 8월 15일 착공해 1971년 8월 15일 완공되었고, 처음에는 광복절을 기념해 삼일고가도로라 불렀으나 이후 청계고가도로로 이름이 바뀌었다. 1969년부터는 청계천 주변 산동네와 판

---

9   전우용 외, 『청계천박물관』, 청계천박물관, 2015, 131쪽.

10   강현수, 『도시에 대한 권리: 도시의 주인은 누구인가』, 책세상, 2010, 99쪽.

11   같은 책, 81쪽.

차 안에서 바라본 도로 주변 아파트 단지 풍경 | 노무라 모토유키

잣집을 가리기 위해 삼일아파트가 들어서기 시작했다. 이 시기부터 청계천 일대는 근대화된 도시 이미지로 변모했고 한국 현대 도시문화의 출발지 가운데 하나가 되었다. 이러한 변화는 20년도 채 안 되는 기간에 이루어졌는데, 당시의 빠른 도시 개발 속도는 한국 사회의 '빨리빨리 문화' 형성과 맞물린 것이 아닌가 한다.

이 밖에도 주변에는 이른바 명소로 불릴 만한 곳이 많았다. 후술하겠지만, 1966년 김현옥 서울시장 재임기에 추진되고 건축가 김수근이 설계한 세운상가 부지는 일대 주민의 주거지를 위협하는 방식으로 개발이 진행됐다.

일정에 맞춰 속도를 우선한 사업 방식은 "자진 철거 시 입주권 제공, 버티면 강제 철거"라는, 이른바 '당근과 채찍' 형태의 대책을 내세워 '무허가 불량주거지역 재정비 사업'을 추진했다.[12] 철거는 청계천을 따라 이어지는 어두운 기억으로, 그림자처럼 이 지역의 역사에 겹겹이 쌓였다.

도시문제를 논한 데이비드 하비는 다음과 같은 점을 지적한다. "현대 대도시가 성장하면서 일부 지역, 특히 도심지역에는 인위적 가치가 부여된다. 이 가치는 시간이 흐르면서 점차 높아진다. 도심지역에 들어선 건물은 시간이 흐르면서 토지의 가치를 높이기보다는 떨어뜨린다. 주변 환경이 변하면 어울리지 않게 되기 때문이다. 이제 그런 건물은 철거되고 다른 건물이 세워진다. 도심지역에 위치한 노동자 주택에서도 같은 일이 벌어진다. 아무리 인구가 과밀한 지역의 노동자 주택이라 해도 임대료는 일정한 최고한도를 넘어서 상승하지 못한다. 설령 상승한다 해도 그 속도는 매우 완만하다. 이제 이런 노동자 주택이 철거되고, 그 자리에 점포, 상품창고, 공

---

12   강우원, 「세운상가 30년 존재 담론」, 『청계천: 시간, 장소, 사람』, 서울학연구소, 2001, 91쪽.

공건물이 들어선다."[13] 이는 하비가 엥겔스의 1872년 글을 인용해 설명한 것으로, 현대 자본주의 도시가 형성되는 과정에서 동서양을 막론하고 반복되는 현상이다. 청계천도 예외가 아니다. 도시 개발의 역사에서 가난한 이들이 배제되는 구조적 문제가 본질적 요소로 자리 잡는다는 뜻이기도 하다. 이것이 도시재개발의 이면에 놓인 얼굴이며, 이 책은 이러한 시각을 바탕으로 쓰였다. 2장 '청계천을 보는 다른 시선'에서 이 논의를 다시 살펴볼 것이다.

지금까지 내가 경험하지 못한 시기의 청계천 변천사와 도시를 바라보는 시각을 정리했다. 다음 절에서는 1970년대를 중심으로, 청계천을 기억하는 이들의 이야기를 이어가겠다.

4. 청계천을 기억하는 사람들

김혜경과 창신동 엄마들

먼저 1970년대 청계천 근처 창신동에서 빈민운동을 시작한 김혜경[14]에게 이 일대 개발과 '광주대단지 사건'을

---

13 데이비드 하비, 「반란의 도시」, 한상연 옮김, 에이도스, 2014, 48~49쪽.

14 김혜경은 연세대학교 도시문제연구소 연구원으로 빈민운동을 시작해, 천주교도시빈민회 회장, 전국빈민연합 고문, 사단법인 관악사회복지 이사장 등을 지냈다. 관악구의회

들었다. 해방 이후 최초의 도시빈민 투쟁으로 평가되는 이 사건은 1971년 8월 10일 경기도 광주군 중부면에서 일어난 대규모 저항이다. 당시 서울시와 박정희 정부는 서울의 무허가 판자촌 주민들에게 "경기도 광주에 조성하는 대단지로 이주하면 더 나은 삶을 보장하겠다"라고 약속했고, 청계천 주변을 포함한 서울의 산동네가 철거되면서 총 2만 세대, 12만 명이 사실상 강제로 이주했다.

그러나 도착지에는 기반 시설이 갖춰지지 않은 천막촌만 있었고, 주민들에게는 토지 대금까지 청구됐다. 이에 분노한 이주민들은 사흘 동안 집단적 저항을 벌였다. 이 투쟁은 도시빈민과 철거민이 서울시를 상대로 조직적으로 문제를 제기한 첫 사례로, 이후 도시 빈곤층의 권리 요구가 본격화하는 계기가 되었다. 주민 투쟁의 결과 이 지역은 성남시로 승격되었고, 2021년 성남시는 조례를 개정해 이 사건을 '8.10 성남(광주대단지) 민권운동'으로 명명했다.

청계천 일대 창신동 엄마들은 이 소식을 듣고 분노하기 시작했어요. "경기도 광주가 어디인지, 사람이 살

의원(1~3대)과 민주노동당 대표를 역임했다.

만한 곳인지 직접 확인해 보자"라면서 동대문에서 버스를 여러 번 갈아타 천호동까지 간 뒤, 다시 시외 버스를 타고 하루 종일 걸려 다녀왔죠. 그때 불도저라는 걸 처음 봤는데, 산을 깎아내는 기계가 붉은 황토를 끝없이 밀어내고 있었어요. 끝없이 펼쳐진 흙더미와 먼지를 보면서 엄마들은 "여기서 어떻게 살라는 말이냐"라며 절망했습니다. 그래서 "우리는 못 나간다. 죽어도 여기서 죽어야 하고, 살아도 여기서 살아야 한다"라고 했죠.

하지만 당시 정부는 "1969년 2월 말까지 청계천과 창신동 일대 주민이 이주하지 않으면 강제 철거하겠다"라고 통보했고, 계고장이 세 차례 발부되면 곧바로 철거하겠다는 방침을 내놨습니다. 반면 "경기도 광주로 가면 20평의 땅을 준다"라는 말도 흘러나왔어요. 좁은 판잣집에서 대가족이 북적이며 지내던 사람들 가운데에는 "그 정도 땅이면 텐트를 치더라도 나아질 수 있지 않겠느냐"라고 기대하는 이들도 있었습니다.

그러나 많은 엄마들이 가장 먼저 떠올린 건 생계였습니다. "여길 떠나면 당장 어떻게 먹고살라는 거냐. 동대문시장과 평화시장, 청계천 주변에서 생존 기반을 마련해 왔는데 어디로 가라는 거냐"라고요. 이사 문제는 곧 자녀 교육 문제이기도 했습니다. 가난을 대물림하지 않으려고 여기까지 왔는데 또 다른 낯선 곳으로 가라니, 그리고 무엇보다 "왜 우리에게 의견을 묻지 않나. 주민이 찬성했을 때 추진해야 할 계획을 어째서 아무런 설명도 없이, 감쪽같이 모르게 진행하느냐"라는 분노가 커졌습니다.[15]

청계천 주변뿐 아니라 서울 지역의 산동네가 철거되면서 총 2만 세대, 12만 명이 경기도 광주로 강제 이주했고, 이는 커다란 사회문제로 떠올랐다. 이 사건은 이후 가난한 사람들이 자신의 문제를 사회를 향해 적극적으로 제기하기 시작한 중요한 출발점이 되었다.

한편, 1970년대에 접어들며 한국의 민주화운동은 점차 고조됐다. 비슷한 시기 전태일 열사의 분신 사건이 일어나 많은 지식인과 의식 있는 사람들이 노동 현실에 관심을 가지게 되었다. 더불어 청계천 인근에서 대학생들이 야간 공부방을 열고 지역 운동을 전개했다.

---

15   최인기, 1970년대 빈민운동 구술사료: 김혜경, 민주화운동기념사업회, 2011. 08.
https://archives.kdemo.or.kr/oral-archives/view/460

청계천은 수많은 운동가가 활동한 공간이었다. 엄혹한 시절, 가난한 청소년을 대상으로 한 야학이 열렸고, 본격적인 빈민운동의 현장이 형성됐다. 이렇게 이곳은 민주화운동의 또 하나의 근거지로 자리 잡았다.[16] 하지만 이후의 미래는 어떻게 변했을까. 광주대단지 철거민의 경험처럼, 과거의 비극은 언제나 되풀이되는 것일까.

신명자와 제정구

같은 시기 남편 제정구와 빈민운동을 함께했던 신명자(현 작은자리종합사회복지관 이사장)는 당시를 이렇게 회고한다.

> 1973년 9월이었어요. 가을이었죠. 그때 청계천을 찾아가서 어떤 목사님을 만나 버스를 타고 한양대 뒤편에서 내렸어요. 길을 건너 둑을 하나 올라갔다가 다시 내려가고, 개천 다리를 건너 또 위로 올라가 내려다보니 거기가 바로 '청계천' 동네였어요. 그 순간 정말 너무 큰 충격을 받았어요. 끝이 보이지 않을 만큼 판잣집이 이어져 있었거든요. 도저히 사람이 사

---

16 최인기, 『가난의 시대』, 동녘, 2012, 44쪽.

는 곳이라고 말하기 어려웠어요. 또 언덕을 두 개나 넘으니 사람들 눈에 거의 띄지 않는 곳에 숨어 있듯 자리한 동네가 나타났어요. 성동구 쪽에서 사근동을 거쳐 답십리 쪽으로 나오기까지 한 시간 사십 분이나 걸렸어요. 둑길 위를 걸어 나오면서 충격이 가시지 않았죠.

어렸을 때 가난한 사람들은 어디에나 많았지만, 이렇게 많은 사람이 한데 모여 사는 모습은 상상해 본 적이 없었어요. 바닥도 거적, 문도 거적, 벽을 대신한 것도 거적이었어요. 거적문을 열고 들어가면 바닥에 가마니를 깔고 그대로 겨울을 나는 생활이었죠. 건강 상태도 좋지 않아 결핵 환자가 매우 많았고, 물이 나오는 시간에는 물동이를 들고 끝이 보이지 않을 만큼 줄을 서야 했어요. 제대로 씻는 일은 엄두도 내기 어려웠죠. 아이들 손은 심하게 트고 갈라져 피가 날 정도였어요. 그래서 저는 무엇보다도 '이 비합리적인 사회에서 뭔가를 해야 하지 않을까' 라는 생각을 하게 됐어요. 마침 그해 10월은 유신 반대 움직임이 거세지면서 많은 사람이 도망가거나 잡

청계천의 아이들, 1975년 I 노무라 모토유키

혀가던 시기이기도 했고요.[17]

그 후 신명자는 제정구가 주도적으로 이끌던 배달학당에 합류해 그곳에서 학생운동을 하던 이들을 만나게된다. 배달학당 내 유치원에는 이화여대 사회학과 학생들과 교수였던 이효재 선생이 관여했고, 매우 많은 학생이 드나들었다고 한다.

> 결핵 환자가 많아 가장 힘든 지역의 아이들부터 돌보기 시작했어요. 시간이 날 때마다 학교 친구들을 데리고 가 아이들을 작은 방에 모아 함께 놀아주곤 했죠. 야학 선생님도 굉장히 많았는데, 그들 사이에서 '제정구'라는 분이 이야기를 하고 있었어요. 첫인상은 정말 무섭게 생겼다고 느꼈어요. 마치 호랑이 같았어요. 체격이 크고, 태도도 매우 전투적으로 보였죠.

제정구는 1944년 3월 1일 경상남도에서 태어났다. 1966년 서울대학교 문리과대학 정치학과에 입학했으

---

17 최인기, 1970년대 빈민운동 구술사료: 신명자, 민주화운동기념사업회, 2011. 08.
https://archives.kdemo.or.kr/oral-archives/view/461

나, 곧 학생운동에 참여하면서 이듬해 제적되었다. 이후 1972년 청계천 판자촌에 들어가 야학교사로 활동하며 소외된 이들을 가르친 일을 계기로 본격적으로 빈민운동에 투신했다. 그는 평생 도시 빈민과 철거민 곁에서 활동하며 '도시 빈민의 벗', '철거민의 대부'로 불릴 만큼 헌신했다. 이러한 공로로 1986년, 일생의 동지인 정일우 신부와 함께 막사이사이상을 공동 수상했다. 그러나 수상 직후에도 그는 올림픽 철거가 한창이던 왕십리 현장을 찾아 이른바 '전두환 개XX' 연설을 했고, 이로 인해 연행되었다. 이에 철거민들이 성동경찰서 앞에서 제정구 구출 시위를 벌이기도 했다. 당시 경찰은 "진술서에서 '전두환 개XX' 표현은 빼자"라며 제정구와 실랑이를 벌였고, 결국 "세계적으로 큰 상을 수상한 사람을 처벌하는 것은 여러 모로 처벌 효과가 없을 뿐 아니라 국제적으로도 인심만 잃게 될 것"이라며 훈방 조치했다는 일화가 전해진다.[18]

이들의 이야기는 나를 그 시절 청계천의 야학 교실로 이끈다. 하지만 이른바 눈부신 한국의 개발과 도시화는

---

18   김기선, "가짐 없는 큰 자유 제정구 1(상)", 한겨레, 2005.08.24. https://n.news.naver.com/mnews/article/028/0000123696

우리에게 무엇을 남겼을까. 그 과거를 증명할 수 있는 장소는 지금도 남아 있을까. 우리는 오래전 그곳을 잊었거나, 의도적으로 외면해 온 것은 아닐까. 가난이라는 슬픔을 기억에서 지워버리고 싶었는지도 모른다. 당시의 지식인들은 오늘날보다 훨씬 큰 사회적 자원과 상징 자본을 가진 사람들이었다. 그들은 기득권과 안락한 자리를 내려놓고 가난의 현장으로 들어왔다. 청계천은 바로 그런 선택이 이뤄진 공간이다. 눈부신 발전의 이면에 누군가의 헌신과 희생이 있었다는 사실을, 우리는 이곳을 통해 다시 기억하게 된다.

노무라 할아버지와 메멘토 모리

나는 어린 시절부터 또래보다 호기심이 많은 편이었고, 과거에 어떤 일이 있었는지 사소한 것까지 알고 싶어 했다. 학교를 마치면 청계천 마장동 근처 교회에서 운영하던 공부방으로 달려갔고, 그곳에서 봄 소풍과 여름 성경학교, 가을 문학의 밤에 빠짐없이 참여했다. 겨울이면 작은 교회의 연탄불에 몸을 녹이며 방학 숙제를 했다. 어른이 된 지금도 내가 사랑했던 장소들, 또렷이 남아 있는 기억의 지도를 떠올리는 일은 무력해질 때마다 나를 붙들어 주는 위안이 된다. 여기서 소개할 한 사람 역시 내게 그런 존재다.

1960년대 말, 일본인 목사 노무라 모토유키가 카메라를 들고 청계천에 홀연히 나타났다. 그는 1931년 교토에서 태어난 사회운동가로, 산업화 과정에서 소외된 도시 빈민을 지원하던 도시산업선교회를 통해 1968년 한국을 방문했다. 청계천의 현실을 목격한 그는 큰 충격을 받고 한국 빈민 선교에 본격적으로 나섰다.[19] 그는 박정희 군사독재 시절 한국의 인권과 민주화를 위해 활동한 대표적인 종교인이다. 특히 청계천 일대를 기록한 사진들은 『노무라 리포트: 청계천변 판자촌 사람들 1973–1976』(눈빛, 2013)로 출간되어 당시의 현실을 생생히 증언한다. 수많은 일화 가운데 1970년 무렵 청계천 주변에서도 가장 열악했던 송정동 일대 '개미마을'에 관한 이야기는 다음과 같다.

> 첫 방문이었습니다. 그전에는 필리핀의 마닐라나 레가스피 슬럼을 개인적으로 방문한 적이 있었지만, 청계천은 그야말로 최악이었습니다. 악취가 진동했어요. 좁은 통로 양쪽에 늘어선 공동화장실 벽에는

---

19   최인기, 『가난의 시대』, 동녘, 2012.

휴지가 없어 인분이 손으로 문질러져 있었습니다. 개똥이 아니라 사람의 배설물이었습니다. 큰 충격을 받았습니다. 일본에 전해 내려오는 동요에 '밋짱, 길 바닥마다 똥을 싸고 종이가 없어 손으로 닦았지'라는 가사가 있는데, 청계천에서는 그게 현실이었습니다. 어디선가 주워 온, 한 번 사용한 목재와 부서지고 찢어진 합판, 플라스틱 등 이용할 수 있는 온갖 재료로 비바람을 막기 위해 지은 집들이었습니다. 대개는 개천 둑 절벽의 경사면을 L자 형태로 깎아 생긴 지형을 이용하거나, 벽면에 구멍을 내 그 자리에 얹듯이 지은 허술한 오두막이 많았습니다. 마치 땅거미의 둥지 같은 모습이었습니다. 영하 20도나 되는 추위 속에 겨우 서 있는 오두막, 그것을 사람들은 '판잣집'이라 불렀습니다.

정처 없이 일거리를 찾아 나섰던 부부, 굶주린 아이들을 끌어안고 추위에 떨던 부모들, 손자와 서로 부둥켜안은 채 하루하루를 버티던 노인들의 모습도 잊을 수 없습니다. 그곳은 생존의 경계, 마치 생지옥 같았습니다. 연탄 화로 위에 울퉁불퉁한 작은 냄비를 올려 물을 끓이려 했지만, 혹한 속에서는 화력이 턱없이 부족했습니다. 날씨는 더욱 매서워졌고, 그 기억은 지금도 쓸쓸하게 남아 있습니다.

  도쿄 수의축산대학을 졸업한 노무라 목사는 이후 미국으로 건너가 켄터키성서대학, 로스앤젤레스 바이올라 대학, 페퍼다인대학원 등에서 수학했다. 1961년 일본으로 돌아와 목회를 시작했지만, 그는 끝내 목사라는 직함도 사회운동가라는 호칭도 받아들이지 않았다. 스스로를 그저 '할아버지'라 불러 달라고 했다. 그는 여러 차례 한국을 오가며 앞서 언급한 신명자, 그리고 빈민운동가 고故 제정구 의원을 도와 청계천 사람들과 관계를 맺었다. 판자촌 아이들을 위한 공동체 탁아소를 세우는 등 청계천을 중심으로 한국의 빈민 구제 활동에 깊이 헌신했다.

  창 하나 없는, 다다미 넉 장 반도 되지 않는 작은 판잣집 마루에 소녀가 누워 있었습니다. 9월 중순, 밖은 밝은 대낮이었습니다. 최악의 장소에서도 태양은 빛나고 있었지만, 그곳에서 갑자기 어두운 방 안으로 들어왔기 때문에 한동안은 내부를 제대로 볼 수 없었습니다. 창이 없어 열기로 가득했고, 악취가 진동했습니다. 방에 들어선 순간부터 윙윙거리는 날벌

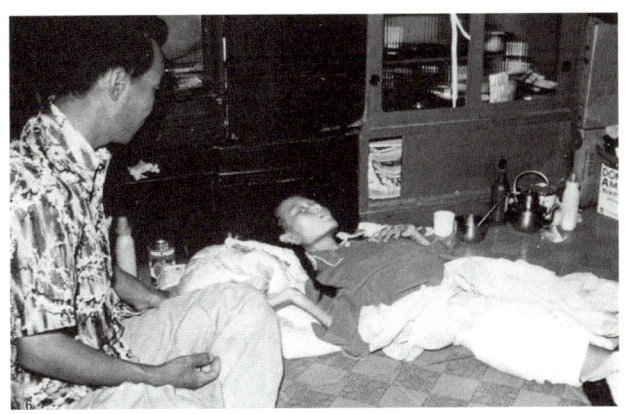

1970년 청계천의 어느 판잣집 안에서 | 노무라 모토유키

레와 모깃소리가 들려왔습니다.

어둠에 눈이 익숙해지자 누워 있는 소녀의 상태가 보이기 시작했습니다. 딸을 바라보는 어머니는 방 오른쪽 구석에 우두커니 서서 어찌할 바를 모르는 표정이었습니다. 안내해 준 전도사가 소녀의 하반신을 덮은 천을 들어 올렸습니다. 병든 젊은 여성의 몸을 들추는 한국인 전도사의 무례한 행동에 나는 본능적으로 눈을 감았습니다. 그리고 천천히 다시 눈을 떴을 때, 그녀의 오른쪽 허벅지 위쪽, 왼쪽과 뒤편의 피부가 뚫려 하얀 뼈가 그대로 드러난 광경이 눈앞에

45

펼쳐졌습니다.

덮개가 걷히자마자 방 안을 맴돌던 파리들이 상처로 내려앉기 시작했습니다. 그녀의 몸에는 이미 파리가 알을 낳아 구더기가 들끓고 있었습니다. 구더기들은 환부의 살을 먹으며 뼈 사이로 파고들고 있었습니다. 곁에 서 있던 어머니는 아무 말이 없었습니다. 전도사와 나는 오른손 엄지와 집게손가락에 침을 발라 살 속에 박힌 구더기를 한 마리씩 끄집어냈습니다. 가슴이 저며 왔습니다. 온몸의 털이 곤두서는 경험이었습니다.

내가 그녀에게 "괜찮으냐"라고 묻자, 소녀는 목을 움직일 힘조차 없는 상태에서 눈으로 나를 바라보며 힘없이 대답했습니다. "괜찮습니다." 아무리 생각해도 괜찮을 이유는 없었습니다. 그러나 그것이 그녀가 내뱉은 유일한 말이었습니다. 무엇보다도, 나를 똑바로 바라보던 소녀의 시선을 나는 평생 잊을 수 없습니다.

이후 청계천의 작은 교회에서 활동하던 청년 지도자 제정구가 그녀를 등에 업고, 또 다른 청년이 양팔로 부축해 가며 한여름 뙤약볕 아래 긴 거리를 걸었습니다. 청계천과 도심을 곧장 잇는 다리가 많지 않아 수 킬로미터를 우회해야 했고, 언덕 위에 자리한 한양대병원까지 가는 데 적잖은 시간이 걸렸습니다. 병원 접수창구에서 처음으로 받은 질문은 "돈 있습니까?"였습니다. "없습니다"라고 답하자 돌아가라는 말이 돌아왔습니다. 한국에 사회보험 제도가 없던 시절이었습니다.

당시 내 주머니에는 일본 돈 20만 엔이 있었지만, 치료비로는 아무런 도움이 되지 않았습니다. 그녀는 두 달 뒤인 11월에 숨졌습니다. 그 직후 박정희 대통령의 긴급조치령이 발령되며 탄압은 더욱 강화되었고, 동시에 민주화운동은 본격화했습니다. 그 소녀와의 만남은 그 순간부터 지금까지 내 삶에 점점 더 큰 영향을 미쳤습니다. 아마도 이 영향은 생의 끝까지 이어지겠지요. 시간이 아무리 흘러도, 나를 바라보던 그녀의 눈을 나는 잊을 수 없습니다.

노무라 할아버지로부터 이 이야기를 직접 들었을 때 청계천은 가난과 두려움, 그리고 설명하기 어려운 동경의 대상으로 복잡하게 다가왔다. 검은 폐허처럼 흐르던 그 공간에 둥지를 틀었던 사람들은 이후 어디로 흩어졌을까. 할아버지에게 뼛속까지 각인되었을 이 경험은 그가 남긴 기록 속에서 반복적으로 소환된다.

2025년 7월, 한차례 폭우가 지나간 뒤 청계천박물관 근처에 자전거를 세우고 한동안 상념에 젖었다. 지금의 청계천은 풀숲 사이로 왜가리가 날아들고, 산책하는 사람들이 오가는 비교적 평온한 공간이 되었다. 둑 아래 풀 사이로 저물던 저녁놀을 바라보다가, 무표정한 얼굴로 돈 벌러 나간 부모를 기다리던 아이들의 모습을 떠올렸다. 사라진 풍경은 신기루처럼 겹쳤고, 청계천의 옛 모습이 잠시 현재 위로 스며들었다.

청계천의 사기꾼 목사

노무라 할아버지의 이야기 가운데 빠뜨릴 수 없는 부분이 있다. 한때 '청계천의 성자'로 불렸던 목사 김 모 씨와 얽힌 사건이다. 할아버지는 한국에 뼈를 묻을 각오로 가난한 이들을 위한 봉사를 결심했지만, 그 결심을 접을 수밖에 없게 만든 믿기 어려운 일이 벌어진다. 오랜 고민 끝에 그 내용을 알린다. 과거의 오류를 드러내는 일은 쉽지 않지만, 그로부터 얻은 교훈은 앞으로 반복될지 모를 유사한 상황에서 더 나은 선택을 가능하게 하기 때문이다.

저는 1970년대 서울 청계천에서 만난 동료를 통해 철거민을 남양주에 집단 귀농시키는 사업에 참여하게 되었습니다. 저는 도쿄에 있던 주택과 가옥을 모두 처분해 사업에 보탰습니다. 그 과정에서 예기치 못한 불행한 사건들이 잇따라 발생했습니다. 신뢰했던 한국 측 지도자였던 김 목사가 저를 포함한 두 명의 일본인 복음 전도자로부터 받은 거액의 금전을 사적으로 유용하고, 독일 교회로부터 지원받은 탁아소 건축비와 유지비까지 남용한 일입니다. 그 일로 큰 충격을 받았습니다. 그에게 회개하라고 진언했으나 소용이 없었습니다. 기독교 세계에서 아무 가책 없이 살아가는 일은 결코 용서될 수 없다고 생각합니다.

노무라 할아버지를 인터뷰한 언론 보도는 적지 않지만, 위와 같은 내용은 소개되지 않았다. 빈민 선교를 위해 노무라 할아버지가 한국으로 보낸 금액이 1980년대 기준으로 7,500만 엔(한화 약 8억 원)에 이른다는 사실만 알려졌을 뿐, 이 자금이 구체적으로 어떻게 사용되었는지는 누구도 명확히 밝히지 않았다. 이는 유감스럽게도 한국 교회의 도시 빈민 선교 역사에 남은 중대한 오점이라 하지 않을 수 없다. 이 사건의 경위가 분명히 밝혀져

2019년 청계천을 방문한 노무라 모토유키

관련된 사람들 사이의 신뢰를 회복하는 계기가 되길 바란다.

　노무라 할아버지는 이후 한동안 깊은 상처와 좌절의 시간을 보냈다. 그러나 2000년대 접어들어 그의 행적과 선행이 조금씩 알려지면서 다시금 주목받기 시작했다. 오랜 시간 기록해 온 청계천 사진들은 한국 근현대사를 증언하는 중요한 자료로 평가받으며 언론의 관심을 끌었다. 그는 사진뿐 아니라 스크랩북, 한국 지도 등 다수의 개인 소장 자료를 서울시와 서울역사박물관, 청계천박물관에 기증했다. 현재 이 자료들은 전태일기념관과 서울생활사박물관 등에도 전시되어 있다.

이 밖에도 그의 행적을 보여 주는 일화가 적지 않다. 2012년 2월, 노무라 할아버지는 일본 제국주의가 저지른 잘못에 대한 속죄의 뜻으로 주한 일본대사관 앞 소녀상에서 플루트를 꺼내 가곡 〈봉선화〉를 연주했다. 한 언론사 기자가 한·일 관계를 풀기 위해 양국이 무엇을 해야 하는지 묻자, 그는 "일본은 다른 말 할 것 없이 사과부터 해야 한다"라고 분명히 말했다. 이 발언은 한국 언론에 널리 보도되며 큰 반향을 일으켰다. 이후 일본의 극우 세력으로부터 협박이 이어졌고, 일부는 그가 머물던 거주지 인근까지 찾아와 위협을 가했다.

이런 일이 벌어진 뒤, 그는 한국을 방문할 때마다 나와 단둘이, 또는 가족과 함께 조용히 서대문형무소를 찾거나, 탑골공원에 새겨진 벽화 앞에서 머리 숙여 일제의 만행에 대해 사죄의 기도를 드렸다. 때로는 말없이 플루트를 연주하기도 했다. 한번은 출국을 몇 시간 앞두고 일본대사관 소녀상을 찾은 적이 있다. 그날은 '소녀상 지킴이' 텐트 위로 비가 추적추적 내렸고, 좁은 텐트 안에 습한 기운이 감돌았다. 할아버지는 한국의 청년들과 조곤조곤 이야기를 나누며 한일 관계에 대해 설명하고, 이들을 다독이며 격려했다.

2014년에는 나와 함께 쌍용자동차 노동자들의 농성장이 있던 대한문을 찾아 아픔을 함께했고, 빈곤사회연대와 용산참사 진상규명위원회 등의 사무실을 방문해 후원금을 전달했다. 또한 내가 속한 노점상 단체 활동가들과 함께 청계천을 비롯한 여러 현장을 찾아 대화와 토론을 이어가며 용기를 북돋았다. 이후 아흔이 넘은 나이에도 2022년 11월 가족들과 마지막으로 한국을 방문해 전태일기념관 인근 호텔에 머물며 출국 전까지 동료들과 빡빡한 일정을 소화했다.

오래전 아무도 주목하지 않던 현장을 찾아 연대와 지원을 이어온 노무라 할아버지는 한국의 종교운동과 청계천 일대 활동을 정리한 자신의 생애사를 지인들에게 전했다. 그 이후 할아버지는 일본의 산골에서 조용히 목회를 이어갔다.

2025년 7월 2일, 재일교포 오학수 선생으로부터 일본 방문 제안을 받았다. 마침 할아버지의 사진 전시가 인사동 갤러리에서 막바지에 이르던 때라 더없이 좋은 기회였다. 더 늦기 전에 짐을 챙겨 도쿄로 향했다. 오학수 선생은 일본에서 공부하던 젊은 시절부터 노무라 할아버지와 인연을 맺어 오신 분이다. 그의 차를 타고 고속도로를 한참 달려 병원에 도착했다. 아들 노무라 마코토가 반갑게 맞아 주었다. 할아버지와 할머니는 비교적 건강해 보이셨다. 우리는 손을 맞잡고 눈물을 흘렸다. 세월의 무게를 피할 수는 없는지, 두 분의 모습은 예전과는 확연히 달라 보였다. 한국의 지인들이 할아버지의 건강을 기원하는 현수막을 제작해 함께 찍은 사진을 드렸다.

면회 시간은 오래 주어지지 않았지만, 행복한 시간이었다. 그날이 할아버지를 마지막으로 뵌 순간이었다. 며칠 뒤인 7월 26일 새벽, 할아버지는 하늘의 부름을 받고 조용히 우리 곁을 떠나셨다.

암울했던 시절, 노무라 모토유키 할아버지의 삶은 많은 생각을 남긴다. 경직된 한일 관계 속에서도 그는 평생 한일 간의 평화를 위해 애썼고, 종교가 사회와 어떻게 관계 맺어야 하는지, 청계천이라는 공간에서 목격한 현실을 어떻게 넘어설 수 있는지라는 질문을 한국 사회에 던졌다.

무의식중에 일본인을 적대하는 사회 분위기가 없지 않다. 그러나 양심적인 사람은 어느 사회에나 존재하고 당연히 일본도 그렇다. 일본의 사죄를 이야기하면서, 한국을 위해 평생을 헌신한 일본인 목사가 입은 깊은 상처를 외면해서는 안 된다. 만약 노무라 할아버지가 한국인 목사에게 금전적 피해를 입었다면, 그 경위와 책임 역시 분명히 가려져야 한다.

청계천을 기록하다 보면 수많은 사람을 만나게 된다. 이미 고인이 된 제정구와 그의 부인 신명자, 그리고 창신동과 청계천 일대에서 빈민운동을 시작한 김혜경 역시 가난한 이들의 참혹한 삶을 마주하며 세상의 변화를 간절히 바랐을 것이다. 사회적 약자와 빈곤한 이들의 목소리를 세상에 전하고자 했던 이들의 여정을 통해, 우리는 그 시대를 다시 돌아보고 깊이 성찰해야 한다. 청계천에는 이처럼 쉽게 드러나지 않은 이야기들이 켜켜이 쌓여 있다.

2장

청계천을 보는 다른 시선

1. 압축성장과 청계천

청계천에 대한 이해는 근대 도시를 어떻게 인식할 것인가라는 문제와 맞닿아 있다. 근대 도시의 성장은 자본주의 체제가 공간적으로 형성되는 과정으로 이해된다. 이러한 논리가 지배하는 도시에서는 하부구조, 생산조직, 소비 방식, 통치 구조 전반이 자본의 논리를 중심으로 조직된다. 그 결과 각 영역에 놓인 사람들은 자본과 상품의 논리에 의해 삶 전반이 규정된다. 자본주의적 도시화가 진전되면서 도시의 인간관계와 시민 생활, 정치적 과정은 전인격적 가치를 중심으로 형성되기보다 자본의 논리와 이를 실현하기 위한 절차, 수단적 관계에 따라 전개된다. 인간주의적 도시의 구현은 이러한 체제의 논리와 영향력을 넘어설 수 있는 사람들의 자율적 주체성이 확보될 때에야 비로소 가능해진다.[20]

이러한 인식에 입각해 청계천을 바라보면, 이 공간이 자본주의적 산업화와 밀접하게 연관되며 경제 체제와의

---

20   한국도시연구소 편, 『인간주의 도시론』, 한국도시연구소, 1996, 11쪽.

상호 관계 속에서 변화해 왔다는 점을 확인할 수 있다. 앞서 언급했듯이 서울은 한국전쟁 이후 1960~70년대를 거치며 압축적 경제성장을 경험했고, 그 과정에서 도시의 풍경은 매우 빠른 속도로 재편되었다.

이른바 개발 선호 현상은 근면과 성실을 강조하는 가치관과 결합해 한국 사회 특유의 문화적 요소로 자리 잡았다. 이러한 경향은 성급한 국민성으로 내면화되었고, 정치 영역에서도 유사하게 작동했다. 단기간에 가시적인 변화를 만들어 내고 대규모 재원을 끌어오는 정책을 추진하는 사람이 곧 유능한 정치인이라는 인식이 형성된 것이다. 개발은 곧 성장이고 발전이며 모두에게 이롭다는 믿음은, '느림은 침체이고 빠름은 발전'이라는 사고방식으로 확장되며 사회 전반의 다양한 영역에 깊이 스며들었다.

이 시기 한국은 국가의 지원 아래 수출 주도의 노동집약적 경공업 정책을 추진했다. 자본은 생산시설의 입지를 결정할 때 충분한 노동력을 안정적으로 확보할 수 있는가를 핵심 기준으로 삼았고, 동시에 상품 생산과 유통에 유리한 공간을 선호했다. 이미 상공업 지구의 기반을 갖추고 있던 청계천은 이러한 조건을 충족하는 지역이었다. 청계천 일대에는 1960년대 이후 공구상가와 기계공

1970년대 청계천의 어느 봉제공장 | 노무라 모토유키

장이 빠르게 집적되기 시작했고, 1978년에는 청계천과
맞닿은 중구가 전국 도매 거래의 약 3분의 2를 차지할
정도로 거대한 도매 상권이 형성되었다. 서울 도심에 정
착해 생계를 꾸리려 했던 사람들은 종로와 을지로를 끼
고 공구상가와 평화시장을 중심으로 상권을 확장했고,
이는 거대한 의류 상권으로 분업화되며 재편되었다.

한편, 청계천은 초기에는 국가와 자본의 이해관계에
도 부합하는 공간으로 작동해, 비공식적 경제 활동이 묵
인되거나 사실상 권장되기도 했다. 이곳은 가난한 사람
들의 생계 터전이 되어 일자리를 제공했고, 저임금 구조

를 유지할 수 있는 기반을 형성했다. 더 나아가 인근 창신동과 이화동 일대에 거주지가 형성되면서 출퇴근 거리가 단축되었고, 이는 생활비를 절약하는 방식으로 이어졌다.

비슷한 시기 한국은 본격적인 자본 축적을 위해 산업화와 도시화를 적극 추진하며, 인구가 밀집한 도시를 중심으로 대규모 공업 단지 조성에 나서기 시작했다. 생산력을 극대화하기 위해 분업과 생산 규모의 확대가 동시에 진행되었다. 1964년 한국수출산업공단이 설립되면서 공단 조성이 본격화했고, 구로구에 수출산업공단 제1단지가 들어섰다.

이와 함께 서울 외곽을 중심으로 신도시를 조성하고 기반 시설을 확충하면서, 지방의 산업 도시들도 점차 규모를 키우며 팽창해 나갔다. 1970년대 후반에 이르러 상품을 생산하던 공장들은 교통망 확충에 힘입어 인건비 절감과 저렴한 노동력 확보가 가능한 지역으로 이전하기 시작했다. 재생산 비용과 공간 사용 비용이 상대적으로 낮은 지방 도시가 새로운 생산 거점으로 부상한 것이다. 그 결과 사대문을 중심으로 한 광화문 · 명동 · 청계천 일대의 도심은 제조 기능에서 벗어나 첨단 정보 산업과 오피스 기능을 중심으로 재편되었고, 주요 기업의 본사가 집중되기 시작했다. 현대 산업사회로 갈수록 행정관서와 금융기관, 첨단 정보 산업이 한 공간에 집적되고, 이들 간의 정보 교류를 통해 발생하는 이익이 점점 더 중요한 도시 기능으로 자리 잡았기 때문이다.

1970년대 후반부터 지속된 청계천 주변 업소 이전 사업은 도심 기능을 외곽으로 분산하려는 서울시와 도시 계획을 총괄하던 중앙정부의 정책에 따라 추진되었다. 이러한 흐름 속에서도 상권을 유지하며 자가 점포를 확보하려는 상인들의 이해와, 이를 필요로 하는 수요가 맞물리면서 기계공구상 · 철재상 · 전기전자상 등은 이른바 '부적격 업소 이전 사업'이 진행되는 와중에도 최고 전성기를 맞았다. 그리고 산업 전반이 서비스 중심으로 재편되면서 탈공업화가 가속화되었고, 그 결과 제조 기반의 공동화 현상이 나타났다. 산업 구조에서 구체적인 생산물을 만들어 내는 1차 · 2차 산업의 비중은 감소한 반면, 3차 산업의 비중은 지속적으로 확대되었다.[21]

1980년대에 접어들면서 청계천을 둘러싼 개발과 입지 경쟁은 자본이 상품 생산 공간을 대도시 중심부에 둘 필요성이 약해지면서 외곽으로 이전되는 흐름을 가속

---

21 금기용 외, 『서울시 우리 동네 특화업종 생태계 연구』, 서울연구원, 2013, 8쪽.

했다. 여기에 지대 상승이 맞물리며, 기존의 저층 건물로 구성된 공구상가 일대는 '낙후 지역'으로 규정되었고, 자본의 이해를 확장하려는 국가와 지방자치단체가 산업 생태계를 해체하는 방식의 정책을 본격적으로 추진하게 된다.

청계천 주변에선 이윤을 목적으로 한 '공간의 효율적 이용'을 둘러싸고 크고 작은 개발이 반복되었고, 그 과정에서 가난한 사람들이 지속적으로 밀려나는 악순환을 겪었다. 공간은 점차 사용의 장소가 아니라 가치가 교환되는 수단으로 인식되었으며, 자본은 계속해서 이윤을 확보하고자 시설 투자와 개발을 통해 소비를 더욱 가속해 나갔다.

2. 청계천 주변의 치솟는 땅값

서구의 도시화 경험이 대체로 자본 주도의 도시 형성과 발전이라는 방식으로 약 200년에 걸쳐 진행되었다면, 한국의 도시화는 자본보다 국가가 훨씬 강력한 주체로 작동하며 약 40년 만에 이루어졌다. 이 과정에서 압축적 성장이 가능했고, 새로운 사회 질서와 구조가 형성되며 국가 중심의 시각이 사회 전반을 관통하게 되었다. 그러나 이러한 발전 방식은 필연적으로 여러 부작용을 낳았다. 산업 구조의 양극화와 개발에 따른 지대 상승은 빈곤층과 사회적 소외계층의 확산으로 이어졌고, 환경 파괴와 도시 갈등은 일상적인 현상으로 자리 잡았다.

최근까지 이어진 지대 상승을 살펴보면, 2002년부터 추진된 서울 세운상가 재개발 사업 이후 청계천·을지로 일대의 토지 가격이 약 5조 7천억 원 상승했고, 이 가운데 약 3조 7천억 원은 재개발 사업 자체의 영향이라는 분석이 제기된 바 있다.[22] 이는 대표적인 사례에 불과하며, 이러한 상승 추세는 이후에도 지속됐다. 국토교통부가 발표한 「전국 표준지 공시지가」에 따르면, 서울에서 공시지가가 가장 높은 곳은 명동에 위치한 '네이처리퍼블릭' 부지로, 제곱미터당 1억 7,410만 원을 기록했다. 이는 전년의 1억 8,900만 원보다 소폭 하락한 수치이지만, 해당 부지는 2004년 이후 21년간 최고지가를 유지해 왔다.[23] 청계천에서 불과 1킬로미터 떨어진 명동의 땅값이 보여주듯, 도심 핵심 지역의 토지 가치는 여전히 높은 수준을 유지하고 있다.

이러한 지가 상승은 일대 토지를 소유한 지주들의 개

---

22 "세운재개발 영향 땅값 3조7000억↑…불로소득 막는 공영개발로 전환을", 한겨레, 2019.04.04.

23 "서울서 가장 비싼 땅값 자랑"…21년째 부동의 1위, 한국경제. 2023.04.28.

발 참여를 촉진하고, 그 여파는 청계천 주변 임대료 인상으로 이어진다. 그 결과 가난한 이들의 주거 공간은 해체되고, 생활 기반은 점차 밀려난다. 이는 서민의 재생산 영역에 대한 침해에 그치지 않는다. 높은 토지 가격과 임대료를 감당하고도 충분한 이윤을 확보하지 못하는 영세 상공인들은 결국 지가가 더 낮은 지역으로 이전할 수밖에 없고, 이는 생계의 불안정으로 직결된다.

2000년대에 접어들며 「경제자유구역의 지정 및 운영에 관한 법률」이 제정·시행되자, 각 지방자치단체는 경쟁적으로 경제자유구역 지정을 신청했다. 동북아 중심 도시나 금융 거점 도시로의 도약을 목표로, 한때 청계천 일대 역시 경제자유구역 지정 가능성이 거론된 바 있다. 이 경우 외국 자본 유치와 자유무역 확대, 외국인 투자 기업에 대한 사회기반시설과 각종 인프라 제공이 검토 대상에 포함됐다. 이와 함께 세제 감면과 행정적 지원을 제공하는 대신, 근로기준법이 보장하는 일부 노동권을 유연화하거나 파견근로 관련 규제를 완화하는 방안까지 논의되었다. 이러한 구상은 이명박 서울시장 재임 시기 추진된 청계천 복원 사업과 맞물려, 도심 내 경제특구를 연결하는, 이른바 '경제 벨트'를 형성하려는 계획의 일부로 제시되었다.

이 과정에서 반복적으로 지적된 것은, 청계천 일대에 형성되어 있던 전통적이고 비공식적인 저층 상공업 지대를 개발 논리로 정리해 서울 외곽으로 이전시키고, 그 자리를 상업자본과 금융자본 중심의 공간으로 재편하려 했다는 점이다. 즉 청계천은 생산 활동의 효율성을 높이기 위한 공간이자 이윤 창출의 수단으로 재구성되는 방향으로 설정되었다. 수많은 저임금 노동자를 기반으로 성장해 온 청계천 일대의 토지, 공장, 주택 등 도시 공간은 이러한 변화 속에서 시장 논리에 따라 개발 여부가 결정되거나 구조적으로 재편되고 있다.

3. 신개발주의와 청계천

이와 함께 청계천 복원 공사가 추진되던 시기, 이른바 '신개발주의'라는 개념이 등장해 본격적으로 적용되었다. 이 용어는 개발을 정당화하기 위해 생태 · 환경 · 역사 · 문화 등 당대의 사회적 요구를 전면에 내세워 개발을 미화하거나 포장하는 전략을 가리킨다. 과거 개발의 주체가 국가였다면, 신개발주의에서는 국가와 민간 부문이 긴밀한 파트너이자 동반자로 결합한다는 점에서 구별된다. 이 체제에서 국가는 개발 사업이 원활히 추진되도록 건설 자본에 각종 인센티브를 제공한다. 용적

률과 건폐율 완화, 토지 가격 조정, 조세 감면 등 제도
적 지원을 통해 민간이 재원을 조달하고 사업을 실행할
수 있는 조건을 마련하는 방식이다. 요컨대 기존의 개발
이 주거와 기반 시설 등 '필요'를 충족하기 위한 것이었
다면, 신개발주의는 소비와 투자, 상징적 가치를 포함한
'욕망'을 충족하는 논리로 작동했다. 당시 강남 · 강북 균
형 개발, 청계천 복원과 주변 재개발, 대규모 뉴타운 사
업 등은 모두 이러한 신개발주의 논리가 관철된 사례였
다. 이들 사업은 도시의 미래에 중대한 영향을 미칠 사
안이었음에도, 개발의 사회적 비용과 구조적 영향에 대
한 충분한 검토 없이 추진되었다. 청계천 복원 역시 '도
시 경쟁력 강화'라는 명분 아래 생태, 환경, 역사, 문화
를 강조하는 담론으로 포장되었고, 외형적으로는 서울
시민의 폭넓은 지지를 받으며 전개되었다.24

　'신개발주의'는 포괄적인 개념이지만, 청계천 복원 공
사는 생태 · 환경 · 역사 · 문화 등 당대의 요구와 결합해
추진된 대표적 사례였다. 이러한 분위기는 2002년 지
방선거에서 서울 지역 뉴타운 사업을 핵심 공약으로 내
건 한나라당이 압도적으로 승리하는 배경이 되었다. 실

24　조명래 외, 『新개발주의를 멈춰라』, 환경과생명, 2005, 13쪽.

청계천 공구상가, 2012년

제로 이명박 전 서울시장 재임 동안 뉴타운 지정 구역은
기존 3곳에서 34곳으로 급증했다. 그러나 2000년대 후
반 미국에서 시작된 부동산 거품 붕괴와 이에 따른 세계
금융위기는 한국 경제에도 직접적인 타격을 주었고, 장
기 불황으로 이어졌다. 그 결과 서울 지역의 뉴타운 재
개발 사업 상당수는 추진 동력을 잃고 정체되거나 중단
되었다. 이후 부동산 경기 침체가 장기화하면서, 도시는
다시 시대적 전환에 맞는 새로운 담론을 필요로 하게 된
다. 무차별적 개발에 대한 반성 속에서 '도시재생'이 대
안적 가치로 부상한 것이다. 이 과정은 도시공간이 결코

객관적이거나 중립적인 대상이 아님을 분명히 보여 준다. 도시계획은 항상 특정한 이해관계와 권력, 이데올로기 속에서 형성되며, 그 성격 또한 정치적일 수밖에 없다.[25]

박원순 서울시장은 대규모 재개발을 지양하고, 노후 주택의 개·보수와 골목길 재생, 낙후된 산업 공간의 리모델링 등을 통해 구도심을 정비하는 방식의 '도시재생' 정책을 추진했다. 이는 개발 속도보다 삶의 질과 지역 공동체의 회복에 방점을 둔 접근이었다. 그러나 이러한 정책이 충분히 성과를 축적하기도 전에, 2021년 재·보궐선거를 통해 시정에 복귀한 오세훈 서울시장은 '주택 공급 확대, 재개발·재건축 활성화, 도시계획 규제 완화, 역세권 개발'을 핵심으로 기존 개발 기조를 수정해 서울시에 재적용했다. 특히 청계천 일대는 이미 대규모 공사가 진행 중인 상황에서도, 재개발·재건축 정비사업 기간을 획기적으로 단축하는 '신속 통합기획'을 통해 개발 범위를 더욱 확대하겠다는 구상을 내놓았다.

이 과정에서 과도한 규제 완화로 민간 개발의 부담을 줄이고, 개발 이익 환수에 대한 명확한 대안 없이 특혜

---

25 한국도시연구소, 『인간주의 도시론』, 한국도시연구소, 1996, 59쪽.

성 개발을 허용함으로써 투기적 개발을 조장하고 있다는 비판이 제기됐다. 청계천은 특정 지역의 사례에 불과하지만, 이를 따라가다 보면 서울의 도시정책이 개발과 규제라는 상반된 논리 속에서 반복적으로 진동해 왔음을 확인하게 된다.

청계천과 도시 문제를 살피다 보면 프랑스 철학자 앙리 르페브르가 제시한 "모든 시민은 '도시에 대한 권리'를 가진다"라는 주장이 자연스럽게 떠오른다. 그의 대표 저작 『도시에 대한 권리』는 68혁명 당시 시위 구호로 활용되며 당대의 도시 담론에 중요한 영향을 미쳤다. 르페브르는 도시가 특정 소수, 특히 자본과 기득권을 소유한 사람들의 이해만이 관철되는 공간이 아니라고 보았다. 도시는 성별과 인종을 불문하고 그곳에서 살아가고 관계를 맺는 사람들의 실천을 통해 형성되는 공간이며, 누구도 배제되어서는 안 된다는 문제의식을 담고 있다. 그는 도시를 하나의 '작품'에 비유하며, 자본주의 체제에서 소외된 도시의 '사용 가치'를 회복해야 한다고 주장했다.

이를 위해 도시 거주자에게는 두 가지 핵심 권리가 보장되어야 한다고 보았다. 하나는 도시 공간을 일상적으로 사용하고 향유할 수 있는 '전유의 권리'이며, 다른 하나는 도시 행정과 의사결정 과정에 개입할 수 있는 '참여의 권리'다. '소유'가 개인이 배타적으로 재산을 시장에서 처분할 수 있는 권리라면, '전유'는 다수의 도시 거주자가 공동의 작품인 도시를 함께 사용하고 누릴 수 있는 권리를 의미한다. 또한 그는 '공간의 재현' 개념을 통해, 도시 공간이 결코 중립적이지 않다고 지적한다. 공간은 권력자의 필요에 따라 규정되고, 도시계획가의 설계에 의해 구획되며, 기술 관료의 행정 논리를 통해 배열된다. 다시 말해 도시는 특정 권력과 이데올로기가 물질적으로 구현되는 장이며, 이러한 구조에 대한 비판적 성찰 없이는 인간적인 도시를 상상하기 어렵다는 것이다.[26]

이러한 주장은 청계천에 국한되지 않는다. 어느 공간에서든, 누구도 배제되어서는 안 된다는 원칙 아래 '전유의 권리'는 물론 이해당사자의 '참여의 권리'를 통해 주민과 상인들이 공동의 '작품'인 도시를 일상적으로 누려야 한다는 논의로 확장될 수 있다. 그렇다면 모두를 위한 도시는 어떻게 만들어질 수 있을까. 이 질문은 도시화 과정에서 개개인의 경험이 주체적 실천과 긴밀하게 맞물려야 한다는 당위로 이어진다. 노점상과 철거민,

---

26   강현수, 『도시에 대한 권리: 도시의 주인은 누구인가』, 책세상, 2010, 28–32쪽.

영세 상인처럼 도시의 가장 아래에서 생계를 이어가는 이들의 소소하지만 때로는 격렬한 저항은, 도시가 누구를 위해 존재해야 하는지를 반복해서 사회에 묻는 행위이기 때문이다.

이러한 문제의식에 귀를 기울이게 된 계기는 청계천 복원 공사가 추진되는 과정에서 구속되거나 희생된 사람들의 삶을 직접 마주하면서였다. 더불어 반빈곤 활동가들과의 토론 속에서, 도시는 추상적인 계획이 아니라 구체적인 삶의 총합이라는 점을 다시금 확인하게 되었다. 이는 이 작업을 통해 얻은 가장 중요한 교훈 가운데 하나다.

3장　청계천 명소의 기쁨과 슬픔

이번 장에서는 청계천을 지켜 온 건물과 지명을 다룬다. 물론 모두를 설명할 수는 없지만, 그중 일부를 직접 찾아가거나 자료를 참고해 살펴보고, 여기에 나의 경험을 함께 엮어 서술하고자 한다.

1. 연예인이 살았던 동대문아파트

청계천에 살았던 청소년기에 선망의 대상이던 곳이 바로 1967년에 완공된 동대문아파트다. 오랜 세월이 흘렀지만 지금도 같은 자리를 지키고 있다. 외형은 하나의 건물처럼 보이지만, 관리실을 통해 1층으로 들어가면 작은 광장이 열리고, 이를 중심으로 양쪽에 세대들이 서로 마주 보는 구조다. 어린 시절 이곳을 방문했을 때 두 건물 사이로 빨랫줄이 가로지른 모습이 신기해 안을 기웃거리기도 했다. 입구의 커다란 문을 열고 들어서면 관리실이 있으며, 한때는 호텔 같은 고급스러움을 유지하려고 집마다 물건을 함부로 내놓지 못하게 관리했다고 전해진다.

　동대문아파트 관련 자료를 보면 전체 면적은 33.06제

동대문아파트

곱미터(약 10평)로, 현재 기준에서는 작은 편이다. 방과
주방, 화장실을 필수 면적으로 극소화해 배치했고 온돌
을 적용했다. 화장실은 개인용 수세식으로 설계했으며
다용도실을 두었고, 목욕탕은 설치하지 않았다. 한때 코
미디언 이주일, 배우 백일섭 등 연예인이 거주해 '연예
인 아파트'로 불리기도 했다. 2009년 예능프로그램 촬
영지로 소개되며 대중에게 널리 알려졌고, 이후 드라마
촬영지로 활용되기도 했다. 2010년 서울시가 동대문아
파트를 매입해 예술인 전시·창작 공간으로 임대할 계
획이라는 소식이 있었으나, 이후 뚜렷한 진전은 없었던

것으로 보인다. 높은 토지 가격에 비해 용적률과 건폐율이 제한돼 개발 이윤이 크지 않아 현재까지 방치된 것으로 해석된다. 일반인의 출입이 늘어나면서 외부인은 출입을 삼가 달라는 안내문이 정문에 부착돼 있으니 주의가 필요하다.

아파트 정책이 본격화하던 시기, 시민의 반응은 냉담했다. 1969년부터 1971년까지 3년간 시민아파트가 급속히 건설되며 약 2천 개 동, 9만 가구가 입주할 수 있게 됐지만, 1970년 서울 마포구 지상 5층 와우아파트 붕괴 사고가 발생했다. 이 사고로 아파트 아래 판잣집 주민 1명이 사망하고 2명이 다쳤으며, 아파트 주민 가운데서는 33명이 사망하고 8명이 다쳤다. 대규모 참사와 더불어 당시로서는 낯선 아파트 문화는 시민의 신뢰를 얻지 못했다.[27] 여러 세대가 함께 거주하는 공동 주거 개념이 생소했던 상황에서, 박정희 정부는 공공 주도의 개발을 통해 가옥주에게 시영아파트 입주권이나 이주 보조금을 지급하며 아파트 단지 건설을 적극 장려했다. 이후 부유층과 상류층을 유입하기 위한 각종 장려책이 추진되면서 강남과 서울 외곽을 포함한 도시 환경에

---

27   최인기, 『가난의 시대』, 동녘, 2012, 60쪽.

변화가 나타나기 시작한다.

한국의 아파트를 외국인의 시선에서 분석한 『아파트 공화국』[28]에 따르면, 서구 사회에서 아파트는 대체로 부정적으로 묘사된다. 일부에서는 아파트를 복잡한 도시 문제와 맞물린 도시 폭력의 상징으로 보며, 도시의 분열을 조장하고 사회적 관계를 단절하는 불안정한 주거 형태로 지목한다. 한국 역시 몇 평짜리 아파트에 사는지, 어떤 브랜드의 아파트에 거주하는지가 사람을 평가하는 기준이 되면서 반목과 서열화가 강화됐고, 빈부 격차를 심화시키는 동시에 삶을 자본과 욕망의 논리에 포섭하는 결과를 낳았다.

동대문아파트에서는 김장철이 되면 1층 중정에서 김치를 담가 김장독을 일렬로 묻어 두고 나눠 먹었는데, 그 흔적이 지금도 남아 있다. 이는 한국적 생활방식이 아파트 문화 속으로 스며들어 혼종된 모습을 보여준다. 반면 타인에게 배타적인 태도를 보이거나 새로 들어서는 주변 시설을 둘러싸고 나타나는 님비 현상은 왜곡된 공동체의 또 다른 단면을 드러낸다. 이처럼 아파트는 우리의 삶과 문화에 결정적인 영향을 미쳐 왔다. 최근 일

---

28   발레리 줄레조, 「아파트 공화국: 프랑스 지리학자가 본 한국의 아파트」, 후마니타스, 2007.

부에서 시도되는 아파트 공동체는 다른 삶의 가능성을 보여주는 장면이기도 하다.

2. 사라진 동대문실내스케이트장

동대문아파트 인근에는 1964년 개장한 우리나라 최초의 실내스케이트장이 있었다. 1970년대 어느 날, 주변이 통제되고 경계가 유난히 삼엄했던 적이 있다. 큰형에게서 들은 바로는 박정희 대통령의 자녀와 이른바 고관 자녀들이 실내스케이트장을 통째로 빌려 사용한 날이었다고 한다. 그날 나는 스케이트장 안을 몰래 들여다보았는데, 한여름에도 얼음 위에서 스케이트를 탈 수 있다는 사실 자체가 매우 낯설고 신기한 구경거리였다.

한때 동대문실내스케이트장은 연중무휴로 오전 8시에 개장해 오후 9시까지 운영된 것으로 알려져 있다. 개장 당시 안내 전단에는 입장권 10원, 활주권 20원, 대화권 30원으로 표기돼 있다. 입장권은 주변 스탠드에서 주로 부모들이 관람할 때 사용했고, 대화권은 신발을 빌릴 수 있는 표, 활주권은 실제로 스케이트장을 이용할 수 있는 표를 뜻했다. 그러나 동대문 실내스케이트장은 개장 1년 만에 운영난으로 휴장했다. 사계절이 뚜렷한 우리나라의 기후 특성상 겨울철 야외 스케이트로도 충분하다고 여겨져 대중화에 한계가 있었던 것으로 보인다.

이후 폐장과 재개장을 반복하다가, 여름철 냉장고 보급이 충분하지 않던 시기에는 식용 얼음을 생산하는 공장으로 운영되기도 했다. 가게에서 얼음을 사다 먹던 시절이었으니 무리는 아니었을 것이다. 링크가 다시 문을 열 때마다 각종 공연이 열렸는데, 빙상 활성화를 명분으로 코미디언 구봉서·김희갑·서영춘, 배우 박노식 등 당대의 인기 희극인과 배우들이 대거 출연해 쇼무대를 꾸몄다.[29] 이후 1971년 태릉선수촌에 국제 규격의 빙상경기장이 건립되었고, 동대문 실내스케이트장은 1980년대 한때 롤러스케이트장으로 사용되다가 1990년대 중반 결국 문을 닫았다.

지금은 1997년 지어진 13층 규모의 원단 전문 도매상가 삼우텍스프라자가 들어서 있고, 그 뒤편 골목에는 아이들이 부모의 손을 잡고 즐겨 찾는 문구·완구 골목도 형성돼 있다. 그러나 이 일대 역시 유통시장의 재편과 경기 침체라는 현실 속에서 적지 않은 어려움을 겪고 있다.

---

29 "〈문득 돌아본 '그때 그곳'〉 껌 좀 씹던 애들은 '로라장'… 멋 좀 내던 애들은 스케이트장", 《문화일보》, 2014.02.21.

3. 화가 박수근 집터

동대문실내스케이트장 자리 바로 옆에는 낙산에서 창신동 방향으로 흘러내리던 실개천이 있었고, 그 위로 다리가 놓여 있었다. 실개천은 사실상 시궁창과 다름없었고, 여름철 장마가 지나가면 일대가 무릎 높이까지 잠기곤 했다. 1970년대 말에는 161번 버스가 그 옆을 지나갔는데, 나는 그 버스를 타고 종암동에 있는 초등학교와 중학교에 다녔다. 민중 록 밴드 '천지인'의 노래 〈청계천 8가〉를 작사·작곡한 김성민은 내 고등학교 시절 연극반 선배다.

어느 날 그의 노래에 등장하는 청계천의 '맹인'이 누구냐고 물은 적이 있다. 그는 영도교 인근 횡단보도에서 황학동으로 들어가는 길목에 늘 자리하던 사람이라고 했다. 그러나 청계천 복원 공사가 마무리될 무렵, 언제부턴가 모습이 보이지 않았다. 다리 위에서 장사하던 장애인이 몇 분 있었는데, 그들마저 최근에는 좀처럼 보이지 않는다. 영도교 일대에 노점상이 늘어나는 것을 막기 위해 주말마다 구청의 단속이 강하게 이뤄졌고, 물건을 수거해 가는 일도 잦았다. 아마 이런 이유로 장사를 포기했을 것이다.

한때 술자리를 마무리할 무렵, 동료들은 어깨를 걸

고 〈청계천 8가〉 떼창을 하곤 했다. 록과 민중가요를 결합한 이 노래는 당시 운동권 노래에 신선한 자극을 줬다. 노점상 단체 사무실도 이 근처에 있어, 오래전 청계천 복원 공사를 둘러싼 집회를 마친 뒤 동묘 인근 사무실로 천천히 돌아오며 "파란불도 없는 횡단보도를 건너가는 사람들, 물 샐 틈 없는 인파로 가득 찬 땀 냄새 가득한 거리여, 어느새 정든 추억의 거리여…" 하고 목청껏 노래를 부르기도 했다. 청계천 바티카호텔 앞에서 종로 방향으로 약 200미터 떨어진 음식점은 우리의 아지트였다. 막걸리에 순댓국을 시켜 놓고 다시 "칠흑 같은 밤 쓸쓸한 청계천 8가, 산다는 것이 얼마나 위대한가를, 비참한 우리 가난한 사랑을 위하여, 끈질긴 우리의 삶을 위하여…"를 불렀다. 그곳이 바로 화가 박수근의 집터다.

박완서의 소설 『나목』에도 등장하는 이 집은 식당으로 바뀌어 흔적을 찾아보기 어렵게 되었다. 그러다 2015년, 박수근 화백의 막내딸과 『나의 문화유산 답사기』의 저자 유홍준 교수가 이곳을 방문해 지붕에서 내려오는 빗물 홈통을 근거로 집터임을 확인했고, 회색 글씨로 '박수근 화백 사시던 집'이라는 표식을 남겼다. 박수근은 한국 근현대 미술을 대표하는 화가 가운데 한 사람으로 1914년 2월 21일 강원도 양구에서 태어났다. 한국전쟁 당시 월남해 1952년부터 1963년까지 이곳에 거주하며 다시 그림을 그리기 시작했다. 그는 화강암 같은 질감의 독자적인 화풍으로 노점상이 좌판을 벌인 '노상', '모자', '풍경' 등 서민적이고 정감 있는 소재를 그렸고, 반도화랑 전시를 계기로 널리 알려졌다.

4. 현대식 아파트 동대문맨션

1966년 김현옥 당시 서울시장의 조사에 따르면 서울의 무허가 건물은 13만 6,650동으로 보고됐다. 그러나 실제 규모는 이보다 훨씬 더 컸을 것으로 추정된다. 이를 해결하기 위해 공유지와 국유지를 활용하고 불량주택을 철거해 시민아파트를 건설했다. 기공 첫해에만 406동, 1만 5,840가구의 아파트가 지어졌다. 이들 아파트는 대부분 산 중턱에 들어섰다.[30] 1969년 말 서울의 인구는 전년보다 46만 명이 늘어난 479만 6,668명으로 기록됐다.[31] 급격한 도시 팽창을 단적으로 보여주는 수치다.

청계천과 조금 떨어진 창신동 인근에는 1973년에 지

---

30 "시민아파트의 탄생과 뒷이야기", 경향신문, 2006.04.13.

31 "인구 46만에 12만5천 세대, 자동차는 1만3천 대 증가", 중앙일보, 1970.02.20.

어진 '동대문맨션' 아파트가 있다. 이름에서 드러나듯 이 곳은 서민용이 아니라 당시 기준으로 상당히 호화로운 주거 공간이었다. 층마다 홀 형태의 공용 공간에 엘리베이터와 계단이 놓이고, 각 세대는 이 홀을 중심으로 배치됐다. 계단과 주거 공간은 미로처럼 층마다 조금씩 다르게 구성돼 폐쇄적인 듯하다가도 순간적으로 개방감을 주어 은근한 재미가 있다. 방문 당시 옥상은 개방돼 있었고, 우레탄 방수 공사가 진행 중이었다. 마침 건너편 창신동 채석장 방향으로 해 질 무렵 불이 켜지며 고즈넉하면서도 탁 트인 풍경이 펼쳐졌다. 중정과 복도, 계단은 외관만으로도 이전에 경험하지 못한 시공간을 형성하고 있어 인상적이었다. 비교적 이른 시기에 엘리베이터가 설치된 아파트답게 구조는 견고하고 안정감이 있었고, 앞으로도 상당 기간 주거 기능이 유지될 것처럼 보였다.

청소년 시절, 인근 동대문호텔 사우나에서 아버지와 함께 목욕을 하고 근처에서 가장 유명하다는 식당 '진고개'에서 불고기백반을 먹은 기억이 있다. 식사를 마치고 돌아오는 길에 아버지는 동대문맨션을 가리키며 "열심히 돈 벌어 저런 데서 살자"라고 말씀하셨다. 지금은 맞은편의 오래된 아파트에 살고 있지만, 자전거를 타고 이

앞을 지날 때마다 그날의 장면이 자연스레 떠오른다.

양심수의 가족과 후원자들이 1985년 창립한 민주화실천가족운동협의회가 최근 동대문맨션아파트에 입주했다. 이 단체는 군부독재 정권 아래에서 수많은 청년과 학생, 노동자, 민주인사들이 겪은 구금과 고문에 맞서기 위해 만들어졌다. 민주화운동 과정에서 희생된 이들의 유가족이 1986년에 설립한 전국민족민주유가족협의회 사무실도 이 아파트 인근에 자리하고 있다. 이 단체는 의문사 진상 규명, 민주화운동 관련 명예 회복과 보상, 민주화운동 희생자 추모 사업 등을 꾸준히 이어오고 있다. 또한 인근의 오래된 창신시장 안쪽에는 전태일재단이 자리 잡고 있다.

애초 아파트는 서민 주거 대책으로 출발했다. 그러나 이후 한강 변과 강남을 중심으로 대규모 신축 아파트가 본격적으로 들어서며 상황은 달라졌다. 이 과정에서 도시는 상전벽해를 겪었고, 일부에게는 하루아침에 일확천금의 불로소득을 안겨 주는 구조가 형성됐다. 재개발 지역에서는 분양권을 제공하고 용적률을 높이는 방식으로 아파트가 건설됐지만, 완공 이후 분양가가 급등하면서 기존 주민이 다시 입주하지 못하는 모순이 반복됐다. 세입자를 대상으로 공급되는 임대아파트 역시 3~4인가구가 살기에는 협소한 데다, 임대료와 관리비 부담으로 실제 입주가 어려운 경우도 적지 않다. 공급 자체가 부족한 현실도 여전하다. 이는 한국의 아파트 문화를 단적으로 보여주는 안타까운 현실이다.

5. 전태일 열사와 평화시장

한국전쟁 당시 북한에서 내려온 사람들이 청계천 개울가에 무허가 의류시장을 형성했다. 1958년 복개 공사가 시작되면서 무허가 건물과 노점 형태로 존재하던 청계천 재래시장이 사라질 위기에 놓이자, 상인들은 서울시에 생존권 보상 등을 요구하며 집단으로 대응했다. 그 결과 서울시로부터 부지를 제공받아 청계천 바로 옆, 서울운동장 북쪽에 3층짜리 건물을 세웠다. 이것이 오늘날의 평화시장이다. 평화시장은 1962년 시장법에 따라 설립된 한국 최대 규모의 의류 도매시장으로, 여러 차례 내부 보수와 리모델링을 거쳤다. 오랜 역사를 지녔지만, 외관은 단정하고 현재까지도 건재하다. 개천을 따라 길게 늘어선 콘크리트 3층 건물로, 설립 초기에는 주주들이 3개 동의 2~3층에 마련된 8~10평 규모의 공장에서 의류를 생산하고, 1층 점포에서 소매상인에게 판매하는 방식을 취했다. 노동자는 주주들이 개별 회사 단위로 고용했다.[32] 이후 1972년 신평화시장, 1983년 청평화시장이 문을 열었고, 남평화상가와 제일평화시장 등 관련 상가가 잇따라 조성되었다.

　청계천과 평화시장을 떠올릴 때 빼놓을 수 없는 인물이 있다. 전태일 열사다. 나는 그의 이야기를 큰형에게서 처음 들었다. 초등학교 시절, 청계극장 근처에서 우연히 낯선 사람들의 행렬을 본 적이 있다. 선두에서는 북을 치며 구호를 외쳤고, 머리띠를 두른 사람들은 글이 빼곡한 유인물을 시민들에게 나눠주고 있었다. 멀리서 보기에 어른들이 명절날처럼 모여 노는 모습 같았지만, 표정에는 분노가 짙게 배어 있었다. 의아한 마음에 큰형에게 무슨 상황인지 묻자, 형은 한 청년 노동자의 이야기를 조심스레 들려주었다. 평소와 달리 형의 태도는 몹시 진지했다. 나중에야 알았지만, 전태일의 삶은 형에게 깊은 영향을 남긴 듯하다. 시대 현실에 눈을 뜨기 시작하던 청년에게 전태일은 실존적 문제와 마주하며 삶의 방향을 전환하게 만드는 일종의 통과의례였을 것이다. 그날의 집회는 청소년기를 벗어나 청년으로 향하던 나에게도 설명하기 어려운 작은 불씨로 남아 이후로 오래

32　이태호, 『비장한 불꽃: 전태일 평전』, 인간과자연사, 2023, 116쪽.

1970년대, 고가도로에서 바라본 평화시장 | 노무라 모토유키

도록 가슴 한편에 자리 잡았다.

　전태일이 평화시장 노동자로 첫발을 내디딘 것은 1964년 봄이다. 조영래 변호사의 『전태일 평전』에 따르면, 어느 날 거리를 걷던 청년 전태일의 눈에 '시다 구함'이라는 구인 광고가 들어온다. 봉제 기술자였던 아버지 덕에 재봉틀을 만져본 경험이 있었고, '시다', '미싱사', '재단사'라는 말에도 익숙했기에 낯설지 않았을 것이다. 그의 나이 열여섯 살이었다. 전태일은 지긋지긋하고 불안정했던 떠돌이 생활을 끝내고, 기술을 배우며 새로운 희망을 품고자 했다. 그러나 그에게 주어진 한 달

월급은 1,500원에 불과했다. 하루 하숙비가 120원이었으니, 일당 50원으로는 도저히 생활이 되지 않았다. 부족한 돈은 새벽마다 여관에서 손님들의 구두를 닦고, 밤에는 껌과 휴지를 팔아 메워야 했다.[33] 이것이 전태일이 청계천에서 처음 시다 생활을 시작하던 때의 기록이다.

조영래 변호사의 『전태일 평전』은 평화시장의 노동 현실을 구체적으로 전한다. "평화시장 3층의 어두침침한 복도를 지나 숨이 턱턱 막히는 먼지 구덩이의 작업장 속으로 빨려 들어간다. 작업장은 약 8평 정도 재단판과 열너댓 대 되는 재봉대(미싱대)와 거기에 맞붙은 시다 판들이 가뜩이나 비좁은 방 안에 꽉 들어차고 그 틈서리에 핏기 잃은 창백한 얼굴의 종업원 32명이 끼어 앉아 일한다. 바닥에서 천장까지의 높이는 약 1.5미터 정도. 이것이 저 악명 높은 다락방이다. 원래는 높이 3미터 정도의 방이었던 것을 공중에다 수평으로 칸막이하여 그것을 두 방으로 만든 것이다."[34] 이곳에서 여성 노동자들은 허리를 펴고 걸어 다닐 수조차 없었다. 청계천 6가 쪽 고가도로 위를 차로 지나며 내려다보면, 마치 돼지우

---

33   조영래, 『전태일 평전』, 아름다운전태일(전태일재단), 2020년, 95–96쪽.
34   앞의 책, 100쪽.

리나 닭장을 보는 듯한 느낌을 받았다고 한다. 밀폐된 공간에 갇힌 채, 끊임없이 울리는 재봉틀 소음 속에서 이들은 아침 8시부터 밤 11시까지 햇빛 한 번 보지 못하고 일했다. 작업 도중 화장실에 가는 일조차 주인아저씨와 미싱사들의 눈치를 살펴야 했다.

이러한 현장을 시각적으로 뒷받침하는 기록이 노무라 모토유키의 사진이다. 노무라 할아버지는 전태일의 사망 소식을 들은 뒤 청계천 노동 현장에 들어가 직접 사진을 찍을 수 있었다고 회고했다. 사진 속에는 다락방으로 올라가는 좁은 계단이 보이고, 작업장 한쪽에는 당시 인기 가수 나훈아의 엘피판이 놓여 있다. 그리고 카메라를 정면으로 응시하는 빨간 옷의 청년은, 마치 전태일이 다시 살아 돌아온 듯한 인상을 남긴다.

한편 전태일은 '바보회'를 조직하고 설문조사를 실시한 뒤, 인간으로서 최소한의 요구를 담은 진정서를 노동청에 제출하지만 끝내 외면당한다. 진정서에는 하루 14시간에 이르는 노동시간을 10~12시간으로 단축할 것, 월 2회의 휴일을 일요일 휴무로 보장할 것, 정기적이고 정확한 건강진단 실시, 시다(수습공) 수당을 기존 70~100원에서 50퍼센트 이상 인상할 것 등 네 가지 요구가 담겼다. 그는 이 요구를 당시 대통령이던 박정희

1975년 청계천 평화시장 봉제공장 노동자들 | 노무라 모토유키

에게 직접 전달하려고도 했다.[35] 그리고 마침내 1970년 11월 13일 오후 1시, 평화시장 앞길. 이름과 달리 평화로워야 할 거리에는 경찰과 시장 경비들이 배치되어 행인과 노동자를 상대로 삼엄한 불심검문을 벌이고 있었다. 이날은 평화시장 노동자들이 집단적인 요구를 내걸고 행동에 나서기로 한 날이었다. 집회를 주도한 전태일은 노동자의 합법적 요구가 철저히 무시되고 짓밟히는 현실 앞에서, 미리 준비해 온 휘발유를 몸에 붓고 근로

---

35   이태호, 위의 책, 183쪽.

기준법 책에 불을 붙여 분신을 감행한다.

불길이 온몸을 덮치자 그는 "우리는 기계가 아니다. 근로기준법을 준수하라. 내 죽음을 헛되이 하지 마라"라고 외쳤다. 얼굴이 일그러지고 온몸에 3도 화상을 입은 채 쓰러지면서도 그는 노동자의 권리, 곧 단결권과 단체교섭권, 단체행동권을 세상에 알리고자 했다. 전태일은 같은 해 8월 9일, 자신의 일기에 다음과 같이 적었다.

> 이 결단을 두고 얼마나 오랜 시간을 망설이고 괴로워했던가?
> 지금 이 시각 완전에 가까운 결단을 내렸다
> 나는 돌아가야 한다
> 꼭 돌아가야 한다
> 불쌍한 내 형제의 곁으로, 내 마음의 고향으로
> 내 이상의 전부인 평화시장의 어린 동심 곁으로
> 생을 두고 맹세한 내가
> 그 많은 시간과 공상 속에서
> 내가 돌보지 않으면 아니 될 나약한 생명체들
> 나를 버리고, 나를 죽이고 가마
> 조금만 참고 견디어라.
> 너희들의 곁을 떠나지 않기 위하여

나약한 나를 다 바치마

너희들은 내 마음의 고향이로다

동아일보 수습기자였다가 동아자유언론수호투쟁위
원회(동아투위) 사건36으로 해고된 이태호 기자는 당시의
심정을 다음과 같이 밝힌다. "나는 당시에도 그런 생각
을 했지만, 지금은 더욱 확신을 갖는데, 오염된 청계천,
즉 검은 개울 앞에 설 때마다 암흑, 공포, 죽음을 연상
한다. 암흑, 공포, 죽음의 상징인 검은 개울가에서 청년
노동자가 인간이 마땅히 누려야 할 천부의 인권을 쟁취
하기 위해 자신을 비장하게 태워 올린 이 사건은 암흑,
공포, 죽음을 몰아내려는 불꽃 즉, '빛의 선언'이다."37

불은 인류에게 없어서는 안 될 에너지다. 불꽃이 없
으면 인간의 삶 또한 성립할 수 없다. 오래전 인간에게
불을 가져다준 프로메테우스처럼, 전태일 열사의 불꽃
은 한국 노동자의 현실을 온몸으로 드러내며 외친 창조
의 불꽃이었다.

---

36   1970년대 박정희 정권의 강도 높은 언론 통제와 탄압으로 언론인 구속이 잇따랐고, 동
아일보와 동아방송 기자 등 113명이 강제 해직되었다. 이에 언론인들은 농성 등으로 항
거했고, 대학생과 사회단체가 연대해 시위를 벌이면서 사회적으로 큰 파장을 일으켰다.

37   이태호, 위의 책.

6. 광교와 장교 사이 광장시장

청계천의 경제 규모를 정확히 파악하긴 어렵지만, 한때
한국 경제의 40퍼센트를 좌우한다는 평가가 나올 정도
로 영향력이 컸다. 이 일대 금융기관에 따르면 현금 선
호 경향이 뚜렷해 외형적으로는 영세해 보이지만 실제
로는 막대한 자금이 유통되는 지역이었다. 시장 인근 은
행원들은 새벽 4시부터 업무를 시작했다. 새벽시장이
끝날 무렵 현장에서 약 1시간 동안 상인들을 만나 일적
찍기를 했다. 이는 하루 단위 수금을 전제로 한 상호적
금을 가리키는 은어로, 날마다 수입이 발생하는 상인들
사이에서 널리 활용됐다. 과거에는 상인들끼리 일수를
돌렸지만, 계와 마찬가지로 사고가 발생하면 돈을 모두
잃을 위험이 컸다.[38]

청계천 주변에는 중앙시장, 방산시장, 신진시장, 마
장동 축산물시장 등 여러 시장이 곳곳에 분포해 있다.
이 가운데 1905년 일제가 화폐 정리 사업을 단행해 조
선 상인의 경제적 기반을 흔들자, 같은 해 7월 광장주식
회사가 설립됐다고 한다. 광장시장 공식 홈페이지에 따
르면, 광장시장은 일본인이 경영권을 행사하던 다른 시

---

38   전우용 외, 『청계천: 시간, 장소, 사람』, 서울학연구소, 2001, 156–157쪽.

장과 달리 순수한 조선 자본으로 설립된 시장이다. 3대에 걸쳐 조선인 상인이 운영을 이어오며 명맥을 지켜온 최초의 민족 전통시장으로 평가된다. 초기에는 200개 점포로 출발했으며, 사대문 안 시전만 공식적으로 허가됐지만, 주변에 다수의 노점상이 형성돼 공존하는 구조를 이뤘다. 시장은 한동안 '동대문시장' 또는 인근의 배오개 다리에서 이름을 따 '배오개시장'으로 불렸다가 이후 '광장시장'으로 명칭이 바뀌었다. 이 이름은 청계천 3·4가에 있던 광교와 장교 사이에 시장이 위치한 데서 유래한 것으로 보인다. 한자로는 '廣場'이 아닌 '廣藏'으로 표기한다.

현재의 구조는 1955년 광장주식회사와 상인들이 재건 추진위원회를 결성하고, 점포 보증금을 인상해 마련한 자금을 바탕으로 재출발하며 형성됐다. 한국전쟁 이후 1970년대 초까지 이곳에서는 작업복과 점퍼, 기성 양복, 고물류를 비롯해 군에서 유출된 물품이 주로 거래됐다. 천막, 군모, 배낭, 군화 등 각종 군수품도 중요한 거래 품목이었다. 오늘날에도 이러한 물품을 취급하는 상인이 일부 남아 시장의 옛 명맥을 잇고 있다.

1962년 청계천 남쪽에 평화시장이 문을 열고 의류 도매시장으로 정착하면서 광장시장은 한복집과 이불 가

광장시장, 2013년

게, 포목점 등이 밀집한 시장으로 재편됐다. 이로써 광
장시장은 동양 최대 규모의 주단·포목 시장으로 자리
잡았다. 현재 대지 면적은 약 3,500평이며, 400여 개 업
소가 운영되고 있다.[39] 광장시장의 구제시장은 동묘 일
대와 달리 상태가 좋은 빈티지 의류를 중심으로 구성돼
'힙스터' 취향에 부합한다. 시장 초입에는 포목점과 그릇
가게, 가구점이 자리하고, 안쪽 사거리로 들어가면 이른
바 먹거리 골목이 형성돼 있다.

---

39 앞의 책, 122쪽

광장시장은 서울의 전통시장 가운데 외국인 방문객이 가장 많은 곳으로 꼽힌다. 과거 바가지요금 문제로 이미지가 훼손된 시기도 있었으나, 최근에는 가격 정찰제가 정착되며 이러한 문제는 상당 부분 해소됐다. 한때 '마약 김밥'으로 불리던 음식도 유명했으나, 2024년부터 식품의약품안전처가 '마약', '대마' 등 용어를 활용한 표시·광고를 금지하면서 해당 명칭은 사용할 수 없게 됐다. 이를 위반할 경우 영업정지 처분을 받을 수 있다.

2025년에는 '시간을 추출하는 커피상회'라는 복고풍 콘셉트의 스타벅스 광장마켓점이 문을 열었다. 빈티지 분위기의 인테리어와 시장의 특성을 반영한 소품을 배치해 관광객과 젊은 세대의 발길을 붙잡는다. 한편, 광장시장 일대 골목은 과거 닭을 거래하던 곳이라 '닭전 골'[40]로 불렸는데, 그래서 인근에 '닭 한 마리 집'들이 모여 있는지도 모르겠다.

무엇보다 광장시장은 사시사철 빈대떡과 순대, 떡볶이, 어묵, 만둣국, 비빔국수와 잔치국수, 각종 파전 등 다양한 먹거리를 판매한다. 특히 육회는 오래전부터 일부 점포에서 취급해 왔는데, 본격적으로 판매점이 늘어

---

40   최은숙, 「서울의 시장」,공간, 1993, 30쪽.

나 손님을 맞이하기 시작한 것은 1990년대부터다. 최근에는 외국인 관광객을 고려해 20개국 언어를 지원하는 QR 메뉴판을 설치하고 카드 단말기를 도입하는 등 운영 방식에도 변화가 나타나고 있다. 좌판은 대체로 가로 약 2미터, 세로 1.5미터 규모로, 긴 의자 내부에는 열선이 설치돼 겨울에도 비교적 따뜻하다. 방문객들은 낯선 이들과 나란히 앉아 음식을 즐기며, 이러한 밀집된 풍경을 광장시장의 정취로 받아들인다.

이른 아침 자전거로 종로5가를 지나면 광장시장 입구에 시장의 명물로 꼽히는 꽈배기와 호떡을 사려고 늘어선 긴 줄을 볼 수 있다. 비가 오면 빈대떡 좌판이 쉴 틈 없이 붐비는 모습도 흔하다. 비 오는 날 빈대떡을 찾는 이유로는 빗소리와 빈대떡을 부칠 때 나는 소리가 닮았다는 설명, 비 오는 날 막걸리와 함께 전을 부쳐 먹던 관습에서 비롯됐다는 설명 등이 전해진다. 이러한 배경과 관계없이 광장시장에서는 언제든 푸짐한 빈대떡과 전을 맛볼 수 있다. 나는 청계천 방향 초입에 있는 가게를 종종 찾는다. 만둣국과 칼국수가 정갈하고 담백하다. 기호에 따라 양념장을 넣거나 고춧가루를 더하면 겨울철에 잘 어울리는 한 그릇이 된다.

광장시장은 가족 나들이로도 좋다. 가급적 대중교통

을 이용해 벼룩시장 일대를 둘러보고, 동대문디자인플라자와 인근 전태일 동상까지 이어서 살펴본 뒤 광장시장에서 식사나 간단한 먹거리를 즐기는 동선도 자연스럽다. 하루 방문객 수가 수만 명에 이른다고 하니, 광장시장은 그야말로 서울을 대표하는 전통시장이 아닐 수 없다.

7. 헌책방과 대학천

청계천 오간수문 근처에는 내가 종종 들르는 헌책방이 있다. 대학천 근처에도 도매서점이 모여 있다. 두 곳은 특정한 책을 사기 위해 찾기보다는, 때가 되면 습관처럼 방문하는 장소다. 헌책방이란 본래 그런 곳이다. 그러다 운이 좋으면 절판된 사진집을 싸게 구하기도 한다. 나는 지금도 '클로버문고'에서 나온 조풍연의 『영화 이야기』 2권을 필사적으로 찾고 있다.

수십 년째 헌책방 주인이 자리를 지켜온 것은 예전과 같지만, 그도 이제는 두꺼운 돋보기안경을 쓰고 책들과 함께 나이를 먹어가고 있다. 언젠가 전국에 큰비가 내렸던 해, 물에 잠겨 반품되지 못한 책들이 이곳으로 들어온 적이 있다. 비에 젖어 퉁퉁 붓고 표지가 뜯겨 나가거나 곰팡이가 핀 책들 가운데 몇 권을 헐값에 얻어 자전거에 실었다. 그 흡족함에 페달을 힘차게 밟아 집까지 싣고 왔다. 그때의 뿌듯함은 지금도 또렷이 남아 있다.

이곳의 기원을 더듬어 보면 한국전쟁 시기까지 거슬러 올라간다. 처음에는 '꼬방책방'으로 불리다가 이후 고서점이라 불렀다. 기록에 따르면 "청계 6가에서 8가까지 1백여 곳의 헌책방이 3~4평 규모로 도로변에 즐비해 있다. 이곳에서는 각종 교과서 참고서 교양도서는 물론 심지어는 구한말 일제강점기의 책까지도 구할 수 있다"[41]라고 할 만큼 성황을 이뤘다. 가난하던 시절, "점포마다 기웃거리다 보면 운 좋게 걸리는 수도 있으나 허탕을 치는 경우도 적지 않았다. 대학생뿐만 아니라 교수·작가 등 책을 사랑하는 지식인의 발길도 잦았다. 특히 희귀한 고본이 종종 발견됐기 때문에 고전을 연구하는 국문학자나 장서가는 이곳을 순회하며 책더미를 뒤지는 것으로 낙을 삼았다"[42]라고 한다.

중학교에 입학할 무렵, 새 학기 참고서를 사야 했다. '완전 정복' 시리즈를 새 책으로 구입하려면 가격이 만만치 않았다. 어머니께 돈을 받아 곧바로 이곳 헌책방을

---

41 "서울단면 청계천상가(하) 시계·노점·책방의 행렬", 동아일보, 1983.12.01.

42 "장터 따라 세월 따라(11) 희귀 진본의 메카 '꼬방책방' 거리: 서울 청계천 고서시장", 경향신문, 1987.12.08.

찾았다. 친구들과 잔꾀를 부려 한 학기 지난 헌책을 절반 가격에 샀다. 공부에 관심 없던 시절이라 일 년 지난 참고서나 새로 나온 참고서나 큰 차이를 느끼지 못했다.

건너편 광장시장에서 동대문 방향으로 한 블록 이동하면 대학천(흥덕동천興德洞川)이 자리 잡고 있다. 이곳은 전국의 출판사와 소규모 서점을 연결하는 중간 거래처다. 한때 전국의 크고 작은 서점 책이 이곳 총판을 통해 유통됐다. 청계천박물관에 따르면 애초에는 주변의 노점 형태로 있던 서점들이 대학천 상가 건립으로 입주하여 상가를 형성했으며, "대학천 서점 대부분은 초기부터 서점과 출판을 겸하면서 … 서점을 중견 출판사로 성장시켜 국내 출판산업에도 중요한 영향을 끼쳤다"[43]라고 한다. 지금은 전집류, 단행본, 잡지류가 주로 유통되고, 일부 점포는 무협지와 만화책만 전문으로 판다. 호황기였던 1980년대에는 80곳이 넘는 가게가 있었고, 옆 건물까지 포함하면 100여 곳에 이르렀다. 현재는 인터넷과 다양한 유통 경로의 발달로 가게가 많이 사라졌다. 1980년대에 접어들며 대학천상가 주변 시장이 철거되

43 청계천박물관 기획전시 〈서울 책방거리〉, 2022.11.10~2023.03.12. 온라인 전시관은 https://museum.seoul.go.kr:8088/ARCHIVE_DATA/vr/seoul_book_streets/index.html

대학천 서점 골목, 2009년

고 도로가 건설돼 지금의 모습에 이르렀다.

아버지께서 출판사에 근무하셔서 우리 집에는 책이 많았다. 삼화출판사에서 발간한 소년·소녀 세계문학 전집과 계몽사에서 낸 위인전, 그리스·로마 신화 전집 등을 청계천에서 구매했다. 봄과 가을, 특히 5월과 10월에 사람들로 북적이던 이곳을 자전거로 지나며 하나둘세어보니 서점은 고작 12곳 정도만 남아 명맥을 유지하고 있다. 한때 유명했던 민중서림이 2024년 가을에 폐업한 자리는 모자 가게로 바뀌었다. 이날 나는 '시각과 언어'에서 나온 『현대사진의 시각』을 터무니없이 싼 가격에 샀다.

헌책방을 드나드는 일은 일종의 중독처럼 느껴진다. 비밀은 오래된 책에서 풍기는 독특한 냄새다. 묘하게 끌리는 퀴퀴한 냄새가 발걸음을 붙든다. 그러나 요즘은 오래된 책을 사는 즐거움도 사라져 가고 있다. 도무지 책들을 안 읽으니 말이다.

8. 방산시장과 성제묘

몇 년 전 퇴근 시간에 자전거를 타고 서울 중구 을지로 5가 사거리를 한참 헤맸다. 그러다 마침내 방산시장 쪽으로 이동하던 중 막다른 골목에서 기와를 얹은 작은 건물을 발견했다. 자물쇠로 잠긴 문틈 사이로 긴 턱수염에 붉은 얼굴의 관우가 부인과 나란히 앉아 있는 무속화가 보였다. 청계천 자료를 찾다가 서울시 유형문화유산 제7호로 지정된 관우의 성제묘聖帝廟가 있다는 기사를 보고 마음먹고 찾아다닌 끝에 발견한 곳이다.

이 일대는 예부터 상업이 번성해 방산시장으로 불려왔다. 포장지를 비롯해 테이프, 향초, 방향제 등 각종 생활용품을 저렴하게 살 수 있다. 그리고 "특수인쇄 및 벽지·바닥재 등 건축자재, 포장 관련 업종 등 다양한 용도가 긴밀하게 연결되어 도심 산업생태계의 특성을 잘 유지하고 있다. 동서 및 남북 방향의 도시계획도로 개설로 이 도로 주변으로 신축 활동이 진행되기도 했으나, 지역 내부는 여전히 좁은 가로와 오밀조밀한 도시조직을 가지고 있어"[44] 골목 탐방을 하기 좋다. 서울시는 방산시장 지역과 관련해 "이 지역은 가급적 기존의 도시조직을 유지하면서 기반 시설을 정비하여 민간 자율의 갱신활동을 유도함과 동시에 지역산업의 특성을 유지·보강하여 인쇄에서 포장에 이르는 판촉물의 메카로서 존속시켜 나가도록 하는 것이다. 이를 위하여 전체 지역에 대한 지구단위계획을 수립하여 세운상가 주변 지역 재개발사업과 청계천 복원에 따른 영향을 흡수하면서 점진적으로 적응·발전해 갈 수 있도록 한다"[45]라고 계획한 바 있다.

방산시장 안쪽에는 '다시 돌아온 집'이라는 뜻의 냉면집 우래옥이 자리 잡고 있다. 평양에서 음식점을 경영했던 창립자가 서북관을 개업했고, 6·25전쟁 때 피난 갔다가 돌아와 우래옥으로 개칭했다고 한다. 우래옥의 역사가 곧 서울 평양냉면의 역사라고 할 만큼 이곳의 냉면

44 『청계천복원사업 백서1』, 서울특별시, 2006, 397쪽.
45 앞의 책, 397쪽.

은 유명하다.[46] 음식값은 서민 기준으로 비싼 편이지만, 냉면을 좋아하는 사람들 사이에서는 성지로 불린다. 청계천 일대의 소문난 국숫집과 냉면집은 대부분 찾아다니고 있다.

9. 세계의 기운이 모인 세운상가

어느 가을, 아들과 자전거를 타고 청계천 일대를 돌아보는 도시 산보를 했다. 도시를 유유자적 산책하며 관찰하는 사람을 플라뇌르flâneur라고 부르기도 한다. 나는 자전거를 즐겨 이용하는데, 도시를 둘러보는 데 이만큼 유용한 이동 수단이 없기 때문이다. 한국의 대표적인 플라뇌르로는 일제강점기 현대문학을 대표하는 소설가 박태원을 들 수 있다. 『소설가 구보 씨의 일일』과 『천변풍경』은 청계천 주민의 일상을 의식의 흐름에 따라 섬세하게 다룬 작품으로, 작가는 사회주의 계열로 알려져 있다.

　우리는 소설 속 장면을 따라 청계천을 천천히 자전거로 달리거나 걸었다. 마침 을지로3가에 있는 전시장 스페이스 미라주에서 청계천·을지로 일대 개발을 다룬

46　서울미래유산 https://futureheritage.seoul.go.kr/futureHeritageMeet/futureHeritage/view.do?htNo=149

세운상가 일대, 2017년

전시 중이라 이를 관람했다. 우연히 옥바라지선교센터 활동가들과 만났는데, 이들은 서울 곳곳의 개발 지역에 연대하는 종교인들이다. 함께 기념사진을 찍고 헤어졌다. 돌아오는 길에 세운상가에 들렀다. 가을을 만끽하며 오후 한때를 보내는 사람들의 모습이 눈에 들어왔다. 오랜만에 레코드 가게에서 음반을 구경하고, 근처 서점 소요서가에서 책도 한 권 샀다. 세운상가의 솔다방에 들러 대추와 견과류가 듬뿍 든 쌍화차를 주문했다. 아들도 고소한 맛이 난다고 했다. 푹신한 의자에 앉아 도란도란 나눈 대화는 아빠의 학창 시절, 친구들과 세운상가 일대를 누비며 겪은 이야기였다.

1967년에 세워진 세운상가는 세계의 기운이 모인다는 뜻을 지닌 주상복합아파트의 효시다. 총공사비 44억 원이 투입된 13층 높이의 이 건물은 서울을 횡으로 가로질러 종로에서 청계천, 을지로, 충무로, 퇴계로까지 이어진다. 세운상가를 걸어보면 그 규모에 놀라게 된다. 이 자리는 1945년 조선총독부가 도심 폭격 때 대형 화재 확산을 막기 위해 폭 50미터, 길이 약 1킬로미터의 화재 방지용 도로와 공터로 조성한 곳이다. 한국전쟁을 거치며 피란민과 실향민이 모여들어 무허가 판잣집 2,200여 채가 들어섰다.[47]

1967년 김현옥 서울시장은 박정희 정권에 소개도로 위에 건축물을 건립하는 계획을 보고했다. 당시 35세였던 건축가 김수근이 프로젝트를 맡아 상가이자 주택이며 자동차 도로이자 보행로인 복합 구조를 구상했다. 1~4층은 상가, 5~17층은 아파트로 계획했고, 지상은 자동차 전용도로와 주차장, 3층에는 네 개 상가 군을 연결하는 길이 1킬로미터의 보행 덱을 두었다. 5층에는 인공 대지를 조성해 동사무소, 파출소, 은행, 우체국을

47   청계천박물관 편, 『청계천 기계공구상가: 붕어빵틀에서 인공위성까지』, 청계천박물관, 2021, 80쪽.

배치하고, 옥상에는 초등학교를 지어 각 지구가 하나의 소도시가 되도록 설계했다. 공사가 시작되면서 대한극장 앞을 시작으로 퇴계로와 종로3가 일대의 성매매 집결 지역을 대상으로 대규모 철거와 이주가 진행됐다. 이 과정은 '나비 작전'이라 불렸다. '나비'는 뭐고 '작전'은 또 뭐란 말인가? 오히려 이후 미아리 텍사스 등 서울 외곽으로 성매매 집결 지역이 확산했다.

세운상가는 한때 동양 최대의 전자상가로, 청계·삼일고가와 함께 서울 발전을 상징했다. 시공은 현대, 대림, 풍전, 신풍, 삼원, 삼풍건설주식회사, 아세아상가번영회, 청계상가주식회사 등이 맡아 여덟 개 구간으로 나눠 진행했다. 북측의 현대상가는 철거 이듬해인 1967년에 가장 먼저 준공해 개점했다. 사업이 속전속결로 진행된 것은 서울시가 사업 인가 절차가 완료되기도 전에 철거를 진행했기 때문이다.[48] 세운상가는 당대 유명 백화점인 미도파백화점, 신세계백화점 등과 어깨를 나란히 한 대형 건물이었고, 국회의원들이 집단으로 입주하면서 '호화판' 사무실로 소개되기도 했다.[49] 그러나 준공

---

48 위의 책, 80–81쪽.
49 "국민혈세로 세운아파트에 집단입주한다–호화판 '선량사무실'", 조선일보, 1968.03.30.

직후부터 주거와 상업 기능이 충돌했고, 강남 개발의 영향으로 고층부 아파트 인기가 떨어지며 주거 기능이 약화했다. 아파트는 점차 전자업종 기술자들의 작업실과 사무실로 바뀌었고, 저층부 점포에도 전자 업체들이 들어섰다. 1970년대에 이르러 세운상가는 곧 전자상가로 인식되기에 이르렀다.[50]

파격적인 세운상가 계획은 사실상 미완으로 끝났다. 건축가 유현준은 "2~3층 높이에 가로를 만들어서 활성화되면 1층의 거리가 죽는다. 반대로 1층 거리가 활성화되면 2~3층에 만든 가로는 죽는다. 두 거리를 위아래로 평행하게 만들어서 경쟁시키면 안 된다는 것이 건축 설계의 교훈이다. 이 원리를 입증하듯이 세운상가는 결국 필로티로 어두워진 지상의 거리와 높은 층에 위치한 거리 둘 다 망해서 슬럼처럼 되었다. 세운상가는 2013년 건축가들이 선정한 최악 건축물 18위에 오르기도 했다"[51]라고 했다. 설계 단계에서부터 문제가 있었다는 지적이다. 세월이 흐르며 명성은 퇴색했고, 침체는 예견된 결과였다.

50   메이커시티 세운 https://sewoon.org/resewoon_history
51   "[유현준의 도시 이야기] 세운상가 자리에 긴 공원 만들면 도심에 활력 생긴다", 조선일보, 2022.08.12.

강남 개발이 시작되고 명동에 고급 백화점이 들어선데다 1987년 용산전자상가가 개장해 상인 일부가 이주하면서 세운상가의 상권은 급속히 약화했다. 몰락이라는 표현이 어울릴 만큼, 청계천 복원 공사 과정에서 세운상가와 대림상가를 잇던 고가가 끊긴 점도 영향을 미쳤다. 이후 선거 때마다 처리 방안을 둘러싼 단골 이슈로 등장했다. 2010년 오세훈 서울시장 시절에는 세운상가를 철거하고 녹지 축이나 공원으로 조성하기 위해 재정비촉진지구로 지정됐으나, 박원순 전 시장 취임 이후 계획이 철회됐다. 2015년 12월 10일 도시재생활성화지역으로 지정되었고, 공중보행로는 이 사업의 일환으로 약 1킬로미터 구간에 걸쳐 설치됐으며, 공사 기간은 4년, 공사비용은 1,109억 원이 투입됐다. 이후 메이커 시티, 4차 산업혁명을 내세워 일부를 재단장하고, 스타트업 공간으로 활용해 청년 예술가와 제작자, 장인, 연구자를 유입했다. 도시재생 사업의 일환으로 옥상을 개방하고 공중보행로를 유지하면서 한때 활기를 되찾는 듯 보였다.

2021년 다시 오세훈 서울시장이 취임했다. 그는 또다시 세운상가를 철거하고 녹지 축을 조성하는 계획을 내놓았다. 오세훈 시장은 2023년 5월 16일 열린 매경 이

코노미스트클럽 강연에서 '녹지생태도심 재창조' 전략을 밝혔다. 그는 세운상가를 철거해 결합 개발을 추진하겠다며, 층수를 35층으로 제한하지 않고 최대 60층까지 허용하는 대신 녹지를 공공 기여로 확보하겠다고 말했다. 또 녹지 공간 조성을 조건으로 용적률 인센티브를 부여해 세운상가에서 진양프라자까지 1킬로미터가 넘는 구간을 선형 공원으로 만드는 것이 목표라고 설명했다. 공중보행로는 철거하겠다는 입장도 분명히 했다. 오시장은 "공중보행로라는 쇳덩어리를 1,000억 원을 들여서 만들었다, 이건 어떻게든 허물기 시작하겠다"라며 강한 철거 의지를 드러냈다.[52]

청계천에서 오래 활동하며 서울시의 세운상가 공중보행로 철거에 반대하는 단체인 청계천을지로보존연대와 리슨투더시티는 을지로에서 출판사를 운영하는 상인 다수가 공중보행로를 거의 매일 이용하고 있으며 세운상가에서 진양상가 방향으로 안전하고 빠르게 이동할 수 있다고 본다. 이들 단체는 철거 예산을 지역 산업 활성화에 쓰고, 재개발로 설 자리를 잃고 있는 을지로 상공인을 위한 임대 영업장 지원과 공업사·인쇄소 후학 양

---

52   "'한강 르네상스 2.0'은 관광객 3천만명 시대 위한 몸부림", 매일경제, 2023.05.21.

세운4구역

성 프로그램 등 지역에 실질적으로 필요한 자원을 개발
해야 한다고 주장한다.

　세운상가는 20년 가까이 철거와 보존 사이를 오갔
다. 2025년 1월 예산 낭비 논란으로 세운상가 공중보
행로 철거를 미룬다는 소식이 전해졌지만, 오락가락하
는 정책으로 이곳의 미래는 여전히 불투명하다. 같은 해
11월에는 국가유산청과 협의 없이 문화재 외곽 지역 개
발 규제를 완화한 서울시 조례 개정이 유효하다는 대법
원 결정이 나오며 논란이 재점화했다.53 이로써 건물 높

53　"대법, "문화재 인근 건설 규제 완화한 서울시 조례개정은 적법"", 법률신문, 2025.11.06.

이를 상향 고시한 종묘 인근 세운4구역 재개발 계획 추진이 가능해질 수 있다. 서울시가 재량권을 바탕으로 독자적인 개발 계획을 수립하더라도 국가유산청 등과 협의해야 할 명확한 근거는 현재로서는 존재하지 않게 됐다.

종묘는 500년 넘게 종묘제례와 종묘제례악이 이어져 온 공간으로, 살아 있는 유산으로 평가받아 정부가 1995년 유네스코 세계유산으로 등재했다. 종묘 앞에 고층 건물을 짓는 문제를 두고, 유네스코 자문 기구인 국제기념물유적협의회ICOMOS는 사적史蹟 유산에 대한 침해라고 주장한 바 있다. 종묘를 포함한 일부 세계유산의 경우 100미터 완충지대 밖에 대해서도 보호 조치가 필요하다는 권고가 제시돼 국제 기준과 국내 법규 해석 간의 차이를 낳고 있다. 이는 한 지역의 문화재를 인류 전체의 유산으로 관리해야 한다는 인식과 함께, 해당 개발이 누구를 위한 것인가라는 질문으로 이어진다. 종묘 인근에 대규모 주거지가 반드시 필요한 것도 아니고, 사무 공간이 부족한 상황도 아니다. 이런 점에서 고층 건축물은 비용을 외부화하고 이익을 소수에 집중시키는 편익 구조를 지닌다는 지적이 가능하다. 이 문제는 세운상가 일대와 종묘 앞에 국한되지 않고 서울 곳곳에 해당한다.

한양도성 주변 숭인동과 숭례문 일대 창신동 역시 문화재 인근 개발 사업의 사례다. 2026년 지방선거를 앞두고 개발을 둘러싼 욕망이 다시 불붙고 있다.

나에게 노무라 모토유키 할아버지를 소개한 『행복은 성적순이 아니잖아요』의 저자이자 아동문학가인 임정진은 세운상가 인근 사무실에서 집필한다. 그는 종묘 앞 세운상가 인근 개발이 이슈가 되자, 세운상가 일대를 모두 철거할 경우 건축 폐기물을 어떻게 처리할지 우려된다고 말했다. 한옥은 오래돼 철거하더라도 목재와 문짝을 대부분 재활용할 수 있다는 점을 함께 언급했다. 임정진은 환경이 열악하지만 터줏대감이던 전기 · 전자 장인들이 고령으로 폐점하고 은퇴하는 추세라며, 도심 입지와 저렴한 임대료에 끌려온 새로운 업종이 건물을 수리해 예술가 레지던시로 활용할 가능성을 고민하고 있다고 했다. 시민들이 다양한 예술가를 쉽게 만날 수 있는 공간을 마련해 1층은 발표 · 전시 · 워크숍 공간, 2층은 글 작가, 3층은 미술 활동 예술가, 4층은 음악가, 5층은 문화기획단체 사무실, 6층은 영화와 연극, 7층은 무용 분야에 배치하고, 지하 대형 홀은 연주나 공연 연습실로 활용하는 방안을 제시했다. 각 층에 50명 정도를 수용할 수 있는 세미나실을 두면 각종 행사와 회의도

가능하다고 덧붙였다. 개인이나 소규모 단체에 공간은 기본 조건이며, 낮은 보증금과 적절한 임대료로 지속적으로 사용할 수 있다면 예술가들에게 큰 힘이 된다는 설명이다.

그는 1395년에 지어진 종묘가 지금까지 유지되고 있는데 1967년에 세운 건물을 철거하려는 데 대해 부끄럽다고 했다. 세운상가를 철거하면 서울을 상징할 수 있는 대규모 근대 건축물도 함께 사라지게 된다.

청계천을지로보존연대와 리슨투더시티는 지금도 세운상가 일대와 상가 내부가 매우 탄탄하고 활기 넘치는 생산 공간이라고 말한다. 이들에 따르면 1960년대부터 제조 산업이 본격적으로 유입되면서 세운상가와 주변 전기·전자 부문은 수입 상품과 기존 상품을 해체하고 조립하는 과정에서 기술적 노하우를 축적했다. 새로운 품목을 만드는 과정에서 상호 경쟁보다 공동의 기술을 익히고 집단적 경험으로 공간을 이어 갔다. 작업 환경은 공장과 점포 간 신뢰로 이어졌고, 동종 품목이 집적되면서 품종과 생산량을 배치하고 재배치하는 기술로 발전했다. 무엇이든 만들고 사고팔 수 있다는 인식이 확산하며 홍보 효과도 커졌고, 각종 산업 아이디어가 생산되는 진원지가 됐다. 재료를 가공해 제작한 제품은 세운상가 인근 유통망인 평화시장과 동대문시장을 중심으로 영역을 넓히거나 판매 라인을 형성했다. 제작 속도를 순환시키며 소비 공간을 전국으로 확장하기도 했다.

이곳은 다양한 하청 조직을 통해 국내 기간산업과 연결돼 시험 제작을 담당하는 시제품 제작 지대가 되었고, 학생들의 작품과 실험, 창업의 무대로 기능했다. 거래비용을 최소화하면서 상당한 고용 기회와 부가가치를 창출했고, 오랜 시간 형성된 연줄을 바탕으로 수많은 자영업자와 숙련 노동자가 서울을 넘어 세계적으로 개성 있는 산업 지구를 만들어 왔다.

아들과 나는 세운상가를 내려와 청계광장 방향으로 이동했다. 20대 후반인 아들이 청계천을 걸으며 들려준 이야기에 따르면 이 일대는 레트로 문화, 즉 과거의 전통과 양식을 수용하는 복고적 문화 현상의 출발지이자 확산한 곳이라고 한다. 오래된 건물과 한옥 등 사라질 뻔한 장소가 리모델링을 거쳐 다시 주목받았고, 세운상가 일대와 '힙지로'로 불리는 을지로 공구상가에 젊은 층의 관심이 집중됐다. 아들은 친구들과 황학동 벼룩시장 일대를 자주 찾는다며, 이 지역이 젊은 층의 유입으로 명소가 되거나 새롭게 조명받기 시작했다고 말했다.

눈썰미와 손재주를 바탕으로 한 기술은 다품종 소량

생산 시스템을 자생적으로 형성한 공간을 만들었다. 빈티지 패션과 물건이 재생되는 과정을 통해 젊은 소비자는 경험하지 못한 부모 세대 문화에 대한 향수, 이른바 아네모이아anemoia를 느낀다. 한편, 복고 산업의 등장은 경제 침체와 맞물려 대량 생산으로 남은 철 지난 상품이 시장에 재유입되는 과정에서 비롯됐다는 지적도 있다. 현대 사회에서 복고는 심리적 불안을 느끼는 사람들이 과거로 회귀해 안주하려는 현상으로 해석되기도 한다. 버릴 수 없는 물건을 다시 수집해 재생하고 생산함으로써 과거의 문화가 현대적으로 재해석되는 흐름이 확산했고, 그 과정에서 시장이 형성된 곳이 청계천 일대다. 이곳이 레트로 문화와 만나는 현상은 자연스럽게 보인다. 이러한 생산과 소비 시스템이 지속될 수 있을지는 8장 '무너진 공구상가와 산업생태계'에서 다시 살펴본다.

마지막으로 앙리 르페브르의 문장을 빌려 1부를 마무리한다. 그는 '나바렝스'라는 도시를 언급한다. 나바렝스는 14세기 프랑스 올로롱강 인근에 평범한 토지 계획으로 조성된 신도시다. 이후 두 세기가 지나 이탈리아식 성벽으로 둘러싸인 보다 기하학적인 형태로 재건됐다. 르페브르는 나바렝스의 미묘하면서도 교훈적인 발전 과

정을 조개의 비유로 설명했다. 조개껍질은 껍질 속 생명
체가 오랜 시간 "분비를 통해 만들어낸" 결과물이다. 조
개의 생존 방식을 반영한 껍질을 제거하면 그 안에는 부
드럽고 끈적이며 형태 없는 존재가 남는다. 껍질 속 생
명체와 껍질을 이해하려면 둘 사이의 관계를 이해해야
한다. 르페브르는 나바렝스의 껍질이 "자신의 필요에 따
라 자신의 껍데기를 끊임없이 만들고 변형시키고 또 다
시 만들어내는 수천 년 된 공동체의 형태와 활동을 구체
화한다"라고 본다.[54]

조개껍질의 은유처럼 청계천 주변이 자유롭고 성장에
유연하게 대응하는 공간이 되기를 바란다. 생명체가 깃
든 개펄에 다양한 종이 공존하듯, 도시에 반응하는 작품
으로서의 공간과 사용 가치가 회복되고 권리가 보장되
는 청계천을 상상해 본다.

---

54   앤디 메리필드, 『매혹의 도시, 맑스주의를 만나다』, 남청수 외 옮김, 이후, 2005, 188쪽.

1. 창신동 쪽방 주민

이번 장은 나의 유년기부터 현재까지, 청계천에서의 삶을 통해 개인이 도시 안에서 어떻게 성장하고 또 변해왔는지 살펴본다.

전주에서 태어나 이촌향도의 행렬에 따라 부모 손을 잡고 처음 서울에 발을 디딘 곳은 청계천 옆 동대문고속버스터미널이었다. 1970년대 경부고속도로가 뚫리며 고속버스 업계가 등장했지만, 강남 서울고속버스터미널이 생기기 전까지는 도심 곳곳에 터미널을 따로 운영했다. 동대문 고속버스터미널에 도착한 우리 가족을 삼촌은 택시에 태워 청계고가도로 위를 달렸다.

먼저 서울에 다녀온 친구가 들려준 '하늘 위를 달리는 자동차' 이야기는 거짓말이 아니었다. 발 아래로 삼일아파트와 사람들이 걷는 모습이 보였다. 그야말로 신천지나 다름없었다. 하지만 택시가 월곡동과 석관동으로 접어들자, 즐비한 판잣집들이 눈에 들어왔다. 산등성이를 가득 채운 집들은 낯설었고, 이질감도 컸다.

한때 경외의 대상이던 청계고가도로는 철거돼 사라졌

창신동 쪽방 전경, 2020년

다. 도로 뒤편 판잣집을 가리기 위해 세웠다는 삼일아파
트도 이제는 낡은 건물이 됐다. 그마저 3분의 2가량이
잘려 위태롭게 자리를 지키고 있다. 잘나갔다던 동대문
호텔은 그 자리에 그대로 서 있다. 2층에 있던 목욕탕은
코로나 팬데믹을 거치며 새로 단장했다. 호텔 건물 앞에
는 '경성 궤도회사 터' 표지석이 세워져 있다. 1930년부
터 1960년까지 전차가 뚝섬에서 광나루까지 오가던 자
리였음을 그나마 전한다.

　나는 수십 년 동안 서울과 경기도 인근을 전전하다
가 지금은 청계천을 끼고 길게 뻗은 창신1동에 산다. 동

대문호텔 뒤편, 이른바 '쪽방'이 밀집한 곳 근처다. 창문
밖으로 동대문신발상가와 폐쇄된 청계극장이 손에 잡힐
듯 보인다. 벽화가 그려진 쪽방 골목 초입에는, 저렴한
구제 옷을 맡기면 몸에 꼭 맞게 수선해 주는 세탁소가
자리하고 있다. 주인장은 나와 같은 전라북도 전주 출
신으로, 일찍 세탁 일을 배워 여러 곳을 옮겨 다니다가
1988년부터 이 자리에서 세탁소를 운영하고 있다.

여긴 한마디로 교통의 요충지예요. 일찍부터 상권이
발달해 주변에 숙박업소가 많았지요. 혼수품을 장만
하기에도 이만한 곳이 없었어요. 동대문종합상가에
서 결혼 예복을 사고, 세운상가에서 당시 유행하던
전기밥솥을 준비했지요. 예지상가에 맡겨둔 예물을
찾으면 1박 2일 동안 혼수품을 다 장만할 수 있었죠.
청계천 일대에 평화시장이 있고 동대문신발상가도
있어, 그때가 아마 최전성기였을 거예요.

제가 이곳에 가게를 잡았을 때만 해도 날이 저물면
세탁소 앞에서 화려한 옷차림의 아가씨들이 호객을
했어요. 성매매 집결지였기에 동네 건달들이 가게
앞에 의자를 놓고 지키던 시절이었지요. '벤허'라는
나이트클럽이 대로변에 있어 한때 젊은이들이 많이

모였어요. 게다가 새벽까지 신발 도매상가가 문을 열고 장사를 해 사람들이 뒤엉켜 동네가 무척 시끌벅적했습니다.

　그가 가게를 차린 전후로 주변 숙박업소는 대부분 쪽방으로 바뀌었다고 한다. 세탁소 주인장은 이 일대에서 벌어진 사건들을 또렷이 기억하고 있었다. 동문상가아파트에서는 여러 차례 불이 났는데, 방송을 도배하다시피 할 만큼 끔찍한 사건이었다고 목격담을 전했다. 그는 "이놈의 개발은 수십 년 전부터 있었던 일이라 별로 신경 쓰지 않는다"라고 했다. 내 가게도 아니고 자식들 모두 대학까지 마쳐 할 일은 다 했지만, 힘이 닿는 데까지 가게를 운영하는 게 소원이라고 속내를 내비쳤다. 세탁소 건너편에는 재개발 추진위원회 사무실이 얼마 전 문을 열었다. 요즘 개발이 잠잠해지자 문을 열었다 닫았다 한다. 그 위로 '사무실 창고 임대'라고 적힌 플래카드가 늦가을 바람에 나부끼고 있었다.

　작은 도로를 사이에 두고 세탁소 맞은편에 있는 호남이발소 주인 내외는 내가 다른 곳에서 머리를 하고 나타나면 귀신같이 알아보고 "어디서 이발하셨소?" 하고 묻는다. 나는 죄지은 사람처럼 "요즘 머리가 많이 빠져 한

달이 지나도 지낼 만해요…" 하고 얼버무린다. 그러다 화제는 자연스레 동네 이야기로 옮겨간다. "동문상가 쪽은 이해관계가 복잡해 예전부터 개발 이야기가 나와도 말만 무성했어요. 게다가 무허가 땅에 집을 지어 토지권 없이 지상권만 있고, 근처 흥인지문 때문에 문화재 반경 몇 미터인가에 묶여 고층아파트도 못 올려요. 집주인들로선 이익이 없으니 그냥 이대로 살자고 하지 않겠어요? 언젠가 개발은 되겠지만서두…" 하며 말끝을 흐린다. 이발소 주인 내외도 이 일대 개발을 두고 나름의 계산과 판단을 하는 듯하다.

전라남도 구례가 고향인 주인장은 아이를 낳은 뒤 40년 넘게 세운상가 등에서 이발소를 하다가, 35년 전두 내외가 지금의 자리로 옮겨왔다. 그동안 아이들이 어떻게 자라고 컸는지 여러 차례 들은 터라, 이 집안의 크고 작은 사정을 나도 조금은 안다. 주인 내외의 성품을 닮은 듯 가위와 빗, 거울과 세면대는 언제나 정갈하게 제자리를 지키며 손님을 맞는다. 그 자리를 묵묵히 지켜온 두 사람에게 머리를 맡기면, 말하지 않아도 알아서 척척 깎아 준다.

2022년 여름 폭우가 서울의 반지하방을 덮쳐 여러 목숨을 앗아갔다. 쪽방 사람들은 안타깝게도 사건과 사고

호남이발소, 2021년

가 터져야 처지가 알려지고, 그제야 세상의 주목을 받는다. 청계천 창신1동 주민들 역시 최저 주거 기준에 못 미치는 환경에 기대어 살아간다. 한 사람이 누우면 가득 차는 방, 변변한 냉난방 시설도 없는 공간에 옷가지와 식기들이 손바닥만 한 창문까지 빼곡히 막고 있다. 그럼에도 좀처럼 더 큰 관심을 받지 못한다.

수전 손택은 타인의 고통을 대하는 우리의 반응, 곧 연민과 안타까움을 다루며 현대 사회에서 폭력과 고통의 이미지가 무분별하게 소비될 때 도덕적 무감각이 생길 수 있다고 지적했다.[55] 그런 맥락에서 '쪽방'과 '가난' 또한 호기심을 채우는 이미지로 소비되고 있는 건 아닌지, 우리 역시 점점 무뎌지고 있는 건 아닌지 돌아보게 된다.

귀갓길은 여러 갈래다. 그중 동대문역에서 내려 문구점 골목을 끼고 들어가면, 여러 명이 함께 쓰는 공동화장실과 목욕탕이라 부르기 어려운 수돗가에서 세면과 세탁을 해결하는 풍경을 마주한다. 건물이 또 다른 건물 안으로 이어져 미로처럼 얽힌 집들도 보인다. 이런 창신동 쪽방 골목의 모습은 이제 제법 알려져 알 만한 사람은 다 안다.

그 옆 오래된 여관은 젊은이들이 찾는 찻집으로 바뀌어 언제 가도 줄을 서야 할 만큼 붐빈다. 불과 몇 미터 사이로 낭만과 현실이 맞닿아 있다. 카메라를 어깨에 멘 사람들이 골목을 서성이는 모습도 종종 보인다. 이른바 '다크 투어'다. 현재의 삶을 돌아보고 미래를 위한 교훈을 얻는 의미 있는 여행을 뜻하지만, 상업적 접근과 소비가 현실을 왜곡하고 미화하는 건 아닌지 의문이다. 그들을 지나 어둡고 습기 찬 방들을 피해 골목 안 순안슈

---

55 수전 손택, 『타인의 고통』, 이재원 옮김, 이후, 2004.

120

퍼 앞 의자에 앉아 낮술에 취한 중년 남성에게 말을 걸었다. 언제부터 여기서 살았느냐고 묻자, 그는 처음엔 경계하다가 안면이 있다는 걸 알아보고 나서야 입을 열었다.

"여기를 몇 년 전 신문에서 크게 다뤘어. 그날 이후로 낯선 사람이 뭘 물어도 우리는 말 안 섞어." 그러면서도 묻는 말에는 꼬박꼬박 답한다. "수급비로 들어오는 돈을 집주인이 족족 받아 챙기는 게 어디 이곳뿐이야?" 하고, 묻기도 전에 속내를 먼저 꺼낸다. 이 사실은 한 언론사의 르포로 알려졌다. 창신동 쪽방 골목 주민들의 기초생활수급비 가운데 주거비가 집주인에게 직접 전달되는 구조라는 내용이었다.[56] 중년 남자는 누가 들을까 주변을 살피며 낮은 목소리로 귀띔했다. "저 사람이 여기서 벌어지는 일을 다 집주인들한테 알려. 그래서 눈 밖에 나면 안 돼."

이야기를 나누는 사이 사람 서너 명이 더 모여들어 골목 의자가 가득 찼다. 분위기를 누그러뜨리려 구멍가게에 들어가 과자 몇 봉지와 커피믹스를 사 와 나눠 마셨다. 이야기가 이어지자, 종종 골목을 오가던 내 모습이

---

56 "쪽방촌 뒤엔...큰손 건물주의 '빈곤 비즈니스'", 한국일보, 2019.05.07.

궁금했는지 어디 사느냐, 혼자 사느냐, 언제부터 살았느 냐고 묻는다. 반짝이는 눈빛에 호기심이 담겨 있었다.

청계천 창신동 일대에 코엑스와 같은 대규모 상업 공 간을 조성할 계획이라는 이야기가 돈다. 창신동 남쪽 약 3만 3,000평 부지를 단일 계획으로 개발해 100층짜리 랜드마크 건물과 공항 터미널, 아쿠아리움 등을 들인다 는 구상도 거론된다. 마침 2022년 여름부터 창신동 쪽 방 골목에 '화목한 사랑방'이라는 사무실을 열고 활동해 온 홈리스행동의 이동현 활동가를 통해 상황을 들었다.

최근 건물들이 잇따라 폐쇄되면서 주민들이 뿔뿔이 흩어지고 있어요. 그런데 매입임대주택 물량이 워낙 부족하고, 입주까지 몇 년씩 기다려야 하니 사실상 전세임대주택 제도로 돌려막는 형편이에요. 그러다 보니 제도 취지와 달리 주민을 퇴거시키는 수단으로 악용되기도 합니다. 주민들도 살던 곳에 계속 정착 하길 바라지, 지역 밖으로 나가고 싶어 하진 않거든 요. 방이 너무 부족해 저희는 골목을 돌며 주민을 만 나 상담하고, 이주를 도와주고 있어요. '선이주 선순 환 대책'을 말하기 전에, 사전 퇴거 예방조치가 먼저 마련돼야 합니다. 주민이 다 떠난 뒤에야 내놓는 대책이 무슨 의미가 있겠어요.

청계천 쪽에 맞닿은 동문상가 방향 길을 경계로 이곳은 '윗마을'과 '아랫마을'로 나뉜다. 이동현 활동가는 "2020년 서울특별시 실태조사 때는 380명이었어요. 그런데 2021년, 개발 이야기가 나오자마자 230명으로 확 줄었죠. 지금은 제 감으로 보면 150명 후반쯤 되지 않을까 싶어요"라고 했다. 그는 쪽방으로 공식 인정되지 않은 주민까지 합치면 실제 거주 인원은 이보다 더 많을 거라고 덧붙였다.

"저기 작은 구멍가게가 하나 있거든요. 건물주들의 나팔수 역할을 해요." 아마 쪽방 주민들이 의자에 앉아 이야기를 나누던 순안슈퍼를 두고 하는 말인 듯했다. 이제는 슈퍼라 부르기 머쓱할 만큼 규모가 줄었지만, 골목에서 도움이 필요한 사람들에게 다가가 현장 봉사를 하고 있으면 소위 관리자처럼 보이는 이가 나타나 시끄럽다며 제지하곤 한다는 것이다. "요즘은 격주로 창신동 골목 문화제를 열어요. 토크쇼와 강연회 형식으로, 주민들을 천천히 만나가고 있습니다."

'화목한 사랑방'에 모인 사람들은 의욕적으로 일을 벌여 나갔다. 2022년 10월 28일, 다섯 시 반 무렵 골목이

어둑해지기 시작했다. 가을의 서늘한 기운 속에 장애인과 마을 주민 30여 명이 모여 영화 상영을 함께했다. 침울하던 골목은 한층 밝아졌다. 장애인을 다룬 영화 두 편이 상영되자 곧 동네가 시끄럽다며 경찰이 나타났다. 오후 6시 무렵에는 형제복지원을 다룬 다큐멘터리가 상영됐고, 행사는 그렇게 막을 내렸다. 준비한 도시락으로 마을 주민 몇몇과 늦은 식사를 했다. 모든 일정을 마친 뒤에는 길 건너 창신시장에 모여 몇 명이 소박하게 뒤풀이를 이어갔다.

그 뒤 나는 강남구와 노량진수산시장, 동대문디자인플라자 일대 노점상 강제 철거에 항의했다는 이유로 구속됐다. 1년 2개월 뒤인 2024년 4월 출소한 나는 자전거를 끌고 창신동 골목을 돌아 집으로 향했다. 쪽방 골목은 스산할 만큼 한적했다. 그사이 반빈곤 활동가들은 사무실을 얻어 '화목한 사랑방'을 운영하며 의욕적으로 사업을 벌였지만, 큰 진전은 없었다. 이동현의 예상대로 골목 주민들의 경계가 여전히 높았고, 개발을 앞두고 쪽방 운영이 줄면서 거주 인원도 점차 감소하고 있었기 때문이다.

국토교통부가 발표한 주거실태조사 연구보고서(일반가구)에 따르면, 최저 주거기준에 미달하는 가구는 해마다 줄고 있지만, 여전히 83만 가구 이상이 기준에 못 미치는 주택에 살고 있다. 2022년 기준 가구당 평균 가구원 수 2.2명을 적용하면, 180만 명 넘는 인구가 열악한 환경에 놓여 있는 셈이다. 최저 주거기준은 2011년 제정된 행정규칙이다. 기준 자체가 오래됐고 모호한 부분이 있다는 비판도 있다. 1인 가구의 경우 최소 14제곱미터(약 4평) 이상의 주거 면적과 수도시설을 갖춘 부엌과 화장실이 있어야 하며, 적절한 방음·환기·채광·난방 시설도 갖추도록 규정하고 있다.[57]

어떤 사람들은 쪽방과 홈리스가 등장하는 글을 불편해한다. 가난을 추억팔이로 소비한다고 말한다. 그러나 여름과 겨울이 오면 쪽방과 빈곤을 다룬 기사가 쏟아진다. 타인의 고통에 무감해진 사회라 해도 자신이 사는 빌라의 반지하 실상이 드러나자 눈앞의 사건에 충격을 감추지 못했다. 아무리 감추려 해도 가난을 둘러싼 착취의 구조는 스스로 모습을 드러내 도시를 배회한다. 집으로 돌아오는 길에 세탁소 주인장에게 인사를 건넸다. 그동안 왜 보이지 않았느냐는 물음에 "지방에서 일하다 왔다"라고 멋쩍게 답했다. 이발소 주인 내외도 여전히 그

---

57   "아직도 180만명이 볕 안 들고 환기 안 되는 집에 산다", 한겨레, 2024.07.29.

쪽방 골목의 벽화, 2012년

자리를 지키고 있었다.

집에 돌아오니 청계천 창신동 남측 지역 공람 공고가 2024년 가을 다시 게시돼 있었다. 정비구역 변경안을 들여다보니, 종로구 창신동 437-2번지 일원을 새로 '창신5 도시정비형 재개발구역'으로 지정하고, 구 단위가 아닌 자체 개발 방식으로 추진한다는 내용이었다.

우리 집과 맞닿은 동대문신발도매상가는 1968년 준공된 50년이 훌쩍 넘은 건물이다. 하수와 오수 정화조도 분리돼 있지 않아 겨울철 동파가 발생하면 윗집 오수가 아랫집으로 떨어지는 일까지 벌어진다. 이 일대는 흥인지문과 인접해 문화재 높이 기준 27도 이하로 제한된다. 건물을 새로 지어도 7층 이상 올릴 수 없어 사업성 확보가 쉽지 않다는 평가다. 구역 내 소유자가 많고 상업용 등기까지 복잡하게 얽혀 있어, 개발을 추진하려 해도 지분이 지나치게 많다는 점도 걸림돌로 꼽힌다.

따라서 수익성이 낮다는 판단 아래 개발 구역에서 제외하려는 듯하다. 다행인지 불행인지, 나는 이곳에서 오래 살게 될 것만 같은 예감이 든다. 몸 붙이고 지낼 수만 있다면 그만이라는 생각으로 창밖을 내다봤다. 2025년 설을 앞두고 동신교회 방향 쪽방 지붕 위로 눈이 펄펄 내린다. 나이가 들수록 이런 풍경에도 예전만큼 마음이 움직이지 않는다. 옷깃을 세우고 걷는 주민 몇 사람을 물끄러미 바라본다. 마음을 내려놓고 살 수 있는 곳, 누구나 두 다리 뻗고 쉴 수 있는 곳. 그저 그런 곳에서 살 수 있기를 바랄 뿐이다.

2. 벽 속의 다른 벽돌 하나

초등학교 5학년 무렵, 어머니는 신평화시장 2층에서 매점을 운영했다. 계단 안쪽 약 2평 남짓한 공간을 임대해 콜라와 아이스크림, 빵과 사탕, 과자를 팔았다. 술을 찾는 사람이 늘자 라면과 부침개, 소주도 내놓으며 수익을 보탰다. 나는 학교 운동장에서 놀다 친구 몇 명과 축구공을 옆에 끼고 어머니가 계신 신평화시장으로 갔다. 라면에 달걀을 넣어 먹고 용돈도 얻을 생각이었다. 하지만 꾀죄죄한 차림으로 친구들을 데리고 나타난 나를 보자 어머니는 주먹으로 머리를 쥐어박는 시늉을 했다. 역정을 듣고 밥도 못 먹은 채 빈손으로 터덜터덜 집으로 돌아왔다.

그날 저녁, 이불을 뒤집어쓰고 누워 있는 나를 달래며 어머니는 팔고 남은 부침개를 데워 주었다. 친구를 데려올 때는 미리 말하라고 했다. 나를 야단치고 돌려보낸 일이 마음에 걸렸던 것이다. 하지만 그 뒤로 나는 어머니의 구멍가게에 발길을 끊었다.

몇 년 후 어머니는 옷 가게로 업종을 바꿨다. 삼일아파트 우리 집은 방이 두 칸이었는데, 팔 옷이 창고처럼 쌓이기 시작했다. 형제들은 옷더미 사이에 누워 텔레비전을 보거나 공부하다 잠들곤 했다.

어느 날 어머니가 큰형과 나를 불러 옷을 가게로 옮기라 했다. 신평화시장 앞 도로는 오토바이와 지게꾼, 마차가 뒤엉켜 늘 혼잡했다. 형과 옷 보따리를 들고 건널목을 건너는데, 손수레에 보따리가 스치며 옷이 길바닥에 쏟아졌다. 여자 속옷이었다. 어머니가 공장에서 떼어와 소매로 팔던 물건이었다. 형과 나는 당황해 허둥지둥 브래지어와 팬티를 주워 담았다. 신호등이 빨간불로 바뀌고 차들이 경적을 울렸다. 형의 귓불도 신호등처럼 붉게 달아올랐다. 지금의 다산교 근처 삼호호텔 앞 건널목에서 벌어진 일이었다.

비슷한 시기 아버지는 출판사와 인쇄소를 함께 운영하는 회사에 다녔다. 추석 연휴에 공장 사무실을 지키는 날이었다. 연휴라 식당이 모두 문을 닫아 어머니가 나를 데리고 쟁반에 식사를 담아 보자기로 덮어 들고 갔다. 청계천 8가에서 광교까지는 제법 먼 거리였다. 상가 문이 닫힌 거리는 고요했고, 나는 어머니와 나란히 걸었다. 공장 앞에 이르자 아버지가 반갑게 마중 나왔다. 매일 보던 아버지였지만, 푸른 작업복 차림은 낯설었다. 식사를 마친 뒤 아버지는 아무도 없는 공장을 구경시켜 주었다. 커다란 인쇄 기계가 인상적이었고, 지금은 사라진 조판 활자가 빼곡히 꽂힌 모습도 신기했다.

일제강점기 학교에 다닌 아버지는 일본어에 능숙해 일본 책을 번역하거나 통역 일을 병행했다. 회사에서 쓰고 남은 인쇄용지를 집으로 가져오면 형제들이 나눠 썼다. 무엇 하나 넉넉하지 않던 시절, 그 종이들은 참으로 귀한 물건이었다.

우리 집은 삼일아파트에서만 네 차례 이사했다. 청계천을 떠난 것은 큰형이 술에 취해 추락사한 뒤였다. 텔레비전에서 명화극장이 끝나갈 무렵, 아파트 문을 거칠게 두드리는 소리가 났다. 어머니와 나는 놀라 자리에서 일어났다. 이 집 아들이 난간에서 떨어진 것 같다는 말이었다. 어머니와 나는 동대문 옆 이대병원 응급실로 달려갔다. 나는 속으로 말썽을 부린 형을 혼내주겠다고 다짐하며 청계천을 뛰었다. 병원에 도착했을 때 형은 이미 싸늘하게 식어 있었다. 중학교 2학년 무렵의 일이다. 그날 이후 내가 골목을 지날 때마다 동네 사람들은 무슨 일이었느냐고 묻곤 했다. 그리고 혀를 차며 사고사였으니 자살이었을 거라느니 수군댔다.

그즈음 내게도 질풍노도의 시기가 찾아왔다. 십 대의 방황을 잠재우고 답답한 마음을 가라앉힌 해방구는 청계천 황학동 벼룩시장이었다. 황학동에는 몇몇 레코드 가게가 있었고, 그곳에서는 늘 음악이 흘러나왔다. 어느 날 교복 차림에 갈래머리를 한, 장안레코드 가게 딸이 핑크플로이드의 음반이라며 흰 바탕에 벽돌이 선명한 재킷을 꺼냈다. 〈The Wall〉이었다. 그는 물수건으로 먼지를 닦고 조심스레 턴테이블에 LP를 올렸다. 육중한 헬리콥터 소리, 쿵쿵 울리는 기타, 읊조리듯 이어지는 보컬이 공간을 채웠다. 가슴을 세게 두드리는 충격이었다. "우린 사고를 통제하는 교육은 원치 않아요. 교실에서의 조롱은 이제 그만. 선생님, 제발 아이들을 그냥 내버려두세요. 우린 그저 벽 속의 벽돌일 뿐이죠. 우린 그런 교육이 필요 없어요…."(〈Another Brick In The Wall〉중)

그들의 음악은 내게 큰 위로가 되었다. 전혀 다른 세계에 들어선 듯한 기분이었다. 텔레비전은 물론 라디오에서도 들을 수 없었다. 당시 한국에서는 금지곡으로 묶여 쉽게 접할 수 없는 노래였다. 입에서 입으로만 전해지던 음악이었다. 이 또한 큰형의 영향이 컸다. 집에는 형이 남기고 간 레드 제플린, 딥 퍼플, 블랙 사바스 같은 하드록 밴드의 음반과 제네시스, 르네상스 등의 프로그레시브 록 음반이 인켈 전축 곁에 가지런히 꽂혀 있다.

나는 또래보다 일찍 음악을 접했고, 음악을 좋아하는 친구들 사이에서도 자연스레 화제의 주인공이 되었다. 공부를 잘하지도 못하던, 여드름투성이 작은 아이에게 청계천의 음악은 커다란 위안이었다. 이후 지옥처럼 느껴지던 학창 시절, 푼돈을 모아 사들인 김민기, 한대수, 양병집, 송창식, 양희은의 포크 음악은 또 다른 숨구멍이 되었다. 아름다운 선율과 헛헛하면서도 비장한 가사가 마음을 파고들어, 밤잠을 설친 날도 적지 않았다.

큰형의 사고 이후, 부모님은 청계천에 대한 미련을 완전히 접었다. 뒤도 돌아보지 않고 이사해 서울을 전전하다 1985년 경기도 부천시로 옮겼다. 어머니는 매일 전철 막차를 타고 새벽 장사를 하러 청계천으로 나갔다. 부천 소사구 송내동의 작은 아파트에서 버스를 타고 부천역이나 중동역에서 내려 1호선으로 갈아타고 동대문역에 내렸다. 다시 신평화시장까지 걸어갔다. 두 손에는 늘 보따리가 들려 있었다.

악착같이 장사해 목돈을 마련한 뒤, 어머니는 창신동의 마찌꼬바(소규모 봉제공장)와 계약해 직접 제품을 생산했다. 그렇게 만든 옷을 청계천에서 도매로 넘기면 서울 주요 백화점에서 상표를 달아 판매했고 값은 두세 배로 뛰었다. 어머니는 텔레비전을 보다가 배우나 가수가 입은 옷을 가리키며 우리가 만든 옷이라고 기뻐했다. 어느 날은 유명 배우와 가수가 매장에 들러 옷을 사 갔다고 자랑하기도 했다. 평화시장에서 헐값에 거래되던 옷이 백화점 진열대를 거쳐 명품처럼 둔갑하던 시절이었다.

하지만 우리 가족의 행복은 오래가지 않았다. 어머니는 적지 않은 선입금을 주고 공장과 계약을 맺었지만, 공장이 부도나면서 사장이 잠적했다. 당시에는 계 모임이나 거래를 빌미로 돈을 떼이는 일이 흔했다. 어머니는 2002년 한일월드컵이 끝나갈 무렵, 30여 년간 운영하던 청계천 가게를 정리했다. 그 오랜 세월 동안 고된 장사로 가족을 부양해 온 것이다. 명절이 되면 어머니는 "그때 망하지만 않았어도 우리 집도 넉넉했을 텐데"라며 아쉬움을 털어놓곤 한다.

3. 예지상가 금은방 이야기

이제 1980년대 중반의 이야기다. 종로5가역에서 예지상가 초입으로 들어서면 시계 좌판과 나카마(중개상)들이 늘어서 있었고, 그 사이를 사람들이 분주히 오갔다. 금은방이 줄지어 있었고, 건물 뒤편이나 2층으로 올라가면 좁고 허름한 공방들이 뒤섞여 있었다. 내가 일하던 곳도 그중 하나였다.

예지동에 귀금속 상점이 자리 잡은 시기를 거슬러 올라가면 1930년대에 닿는다. 인사동 일대는 일제강점기부터 은을 비롯한 각종 패물이 거래되던 중심지였다. 1960년대 금광 개발 붐이 일면서 금 거래를 하려는 상인들이 종로4가와 예지동에 모였고, 소규모 귀금속 점포가 생겨났다. 1970년대에는 보석 세공업자들이 상점을 따라 입점했다. 1973년 예지동의 시계 · 귀금속 업체들이 상가로 이전하면서 세운상가와 함께 종로의 상권을 형성했다.

한편 공방 사장은 다른 설명을 내놓았다. 일제강점기 남대문과 명동 일대에 먼저 귀금속 상가가 들어섰고, 임대료가 오르자 상대적으로 저렴한 예지동으로 상인들이 이동했다는 것이다. 예지상가는 이러한 여러 경로가 겹치며 형성된 것으로 보인다. 2003년 무렵에는 전국 귀금속 거래의 약 80퍼센트가 종로에서 이뤄질 만큼 성장했다. 그러나 2009년 이후 금 시세 상승과 경기 침체가 겹치면서 내수시장이 위축되고 거래도 줄어드는 추세다.[58]

예지상가에 발을 들인 것은 1987년 가을이다. 고등학교를 졸업한 뒤 2년가량 뚜렷한 계획 없이 지내자, 부모님은 "기술 하나 배우면 평생 먹고산다"라며 나를 양복점에 취직시켰다. 직원이 서너 명 되는 작은 가게였다. 한 달쯤 지났을 때 재단사가 밑단을 자르라고 했다. 영문도 모른 채 가위로 밑단을 몽땅 잘라 버렸다. 크게 혼나고 사실상 쫓겨나듯 그만뒀다. 창신동 인근에 있던 그 양복점 앞을 지날 때면 지금도 웃음이 난다.

---

58   금기용 외, 「서울시 우리 동네 특화업종 생태계 연구」, 서울연구원, 2013, 77쪽.

서울의 인문계 고등학교를 나왔기에 부모님은 대학 진학을 바랐다. 그러나 공부도 썩 잘하지 못했고, 집안 형편도 넉넉하지 않았다. 학원비를 받으면 학원 대신 음악다방으로 달려가 DJ를 하며 용돈을 벌었다. 돈이 떨어지면 집에서 빈둥거렸다. 몇몇 건설 현장을 전전하기도 했다. 그러다 먼 친척의 소개로 청계천 예지상가에 들어갔다. 용돈을 벌어야 했고, 생계를 고민해야 할 시기였다.

종로5가역에서 내려 광장시장 건너편에 있던 예지 상가는 1980년대 경제 호황과 1986년 아시안게임, 1988년 올림픽 특수가 겹치며 금은보석 업계가 활기를 띠던 시기였다. 시계 골목을 지나 곰보냉면 옆에 동창상회가 있었다. 허름한 4층 건물의 가파른 계단을 오르면 개미굴처럼 작은 보석 세공 공방들이 다닥다닥 붙어 있었다. 내가 일하던 곳은 옥상 가건물을 개조한 3평 남짓한 공간이었다. 네 명이 마주 앉으면 꽉 차는 책상 하나와 의자가 전부였다. 금을 녹이는 산소통과 광택 기계가 한쪽에 붙어 있었고, 낡고 긴 소파가 벽을 따라 놓여 있었다. 천장에는 다락을 만들어 잠시 몸을 눕힐 수 있게 했다. 말 그대로 작고 오밀조밀한 공방이었다.

예지상가는 미로라는 말로도 부족할 만큼 복잡한 골

목이었다. 산더미처럼 쌓인 물건 사이로 사람들이 촘촘히 오가며, 반짝이는 보석을 다루는 작업장을 신기하게 들여다보곤 했다. 찬란한 반지들은 누렇게 뜬 얼굴의 노동자들 손을 거쳐 탄생했다. 처음 몇 달은 출근하면 청소부터 했다. 거래처인 금은방과 감정소를 오가며 심부름을 맡았다. 길을 헤매다 보면 어느새 세운상가 근처까지 가 있기도 했다. 이제 청계천은 19금 잡지를 사러 가는 곳이 아니었다. 세공 기술을 배우고 세상을 익히는 공간이 되었다. 그곳에서 투지와 근성을 배웠고, 삶을 버틸 밑천을 마련했다.

수습 기간이 끝나자 사장은 월급이라며 흰 봉투를 건넸다. 퇴근 후 화장실 문을 잠그고 봉투를 열었다. 만 원권 열 장, 정확히 십만 원이었다. 혹시 착오가 아닐까 싶어 봉투를 뜯어 확인했지만, 금액은 같았다. 부천에서 출퇴근하던 터라 교통비와 식비를 쓰고 나면 저축은 엄두도 내지 못했다. 그 무렵 공방에는 사장과 기술자, 그리고 나까지 세 사람이 일했다. 기술자의 텃세는 만만치 않았다. 아침이면 반지에 광을 내고, 건물 꼭대기 감정소에 올라가 검인을 받아 거래처 금은방에 전달하고 돌아오면 어느새 점심시간이 됐다.

처음에는 순금(24K) 세공을 배웠다. 며칠 지나지 않아 공방에서 진주 반지가 사라졌다고 소동이 벌어졌다. 나중에 안 사실이지만, 함께 일하던 기사가 예지상가의 미성다방 여종업원에게 몰래 반지를 건넸다. 공방 주인이 커피를 마시다 여종업원의 반지를 보고 출처를 물었고, 그가 기사에게 받았다고 답해 발각됐다. 기사는 잠시 맡겼을 뿐이라고 둘러댔지만, 곧 쫓겨났다.

일은 많았고 사람을 구하기도 쉽지 않았다. 사장은 곧 내게 일을 맡기기 시작했고, 얼마 지나지 않아 순금 작업을 익혔다. 그러나 내가 원한 것은 14K 작업이었다. 순금은 무르고 가공이 비교적 수월해 기술로 인정받기 어려웠다. 당시 세공 업계에서는 14K나 18K를 다뤄야 제대로 된 기술자로 대우받았다. 금속이 단단해 다루기 까다롭고 높은 집중력이 필요했으며, 임금 차이도 컸다.

본격적으로 14K 작업을 맡자 손이 먼저 상했다. 광을 내다보면 손바닥과 손가락이 부르트고 갈라졌다. 명주실에 빠우(광택제)를 묻혀 문질렀다. 반지에 과산화수소와 청산가리를 붓고 반응시키면 '펑' 소리와 함께 표면이 번쩍였다. 자극적인 냄새가 코를 찔렀고 눈도 따가웠다. 과산화수소와 청산가리는 모두 산업안전보건법상 유해화학물질로 분류된다. 특히 청산가리는 소량 흡입만으로도 급성 중독을 일으킬 수 있는 맹독성 물질이다. 밀폐된 공간에서 반복적으로 노출되면 두통, 어지럼증, 호흡기 이상 등을 유발할 수 있다. 당시에는 그런 위험을 제대로 알지 못했다. 사장은 "몸속 기생충을 없애는 효과가 있다"라고 헛소리를 했다.

공방 사람들의 얼굴이 유난히 창백했던 이유도 단순히 햇빛을 보지 못해서만은 아니었다. 환기조차 제대로 되지 않는 환경에서 유해 물질을 다루며 일했기 때문이다. 하루 종일 광을 내고 나면 얼굴과 손이 푸르게 변했다. 학창 시절 씻지 않는 아이를 '땜쟁이'라 불렀다. 어느새 내가 그 모습이 되어 있었다.

어느 날 거래처 금은방에 반지를 전하러 갔다. 가게 주인이 건넨 커피를 마시며 진열장을 멍하니 바라보고 있었다. 반짝이는 반지들이 유리 안에서 빛났다. 문득 따가운 시선이 느껴져 고개를 돌렸다. 같은 교회에 다니던 여자아이가 부모님과 함께 반지를 고르러 왔다가 나를 본 것이다. 시커멓게 그을린 손과 얼굴이 부끄러웠다. 서로 아는 체도 하지 못한 채, 나는 다시 진열장만 바라봤다. 이내 도망치듯 가게를 빠져나왔다.

공방에 새 기사가 들어오자 나는 다시 심부름 위주로 밀려났다. 기술을 익힐 기회는 퇴근 뒤뿐이었다. 모두가 돌아간 밤, 혼자 남아 연습했다. 다락이나 바닥에 침낭을 펴고 잠을 청했다. 건물 아래층에는 눈이 크고 쌍꺼풀이 짙어 '왕방울'이라 불리던 장애인 청년이 일하고 있었다. 일을 시작한 지 1년쯤 지났을 무렵, 어느 날 밤 그가 조용히 올라왔다. "망치는 영점이 맞아야 해요. 자꾸 비뚤어지면 생각한 방향과 조금 반대로 쳐 보세요. 그러면 맞아요. 야스리(줄) 가는 것도 마찬가지고요."

내 망치는 늘 영점이 어긋나 있었다. 기술자도 알려 주지 않던 기초를 왕방울이 짚어 준 것이다. 그는 이 일을 몇 년째 해 온 고수였다. 시간이 날 때마다 알집 만드는 법, 금줄 뽑는 법, 땜질 요령을 차근차근 가르쳐 주었다. 몸은 불편했지만, 머리가 명석했고, 신체적 한계를 보완하듯 기술에 대한 집념이 강했다. 경기도 마석이 집이라 했다. 나보다 두세 살 어렸지만, 객지 생활이 길어 생각이 깊고 어른스러웠다. 작은 체구에 비해 손이 유난히 컸다. 가끔 둘이 광장시장 근처에서 술을 마셨다. 어린 나이였지만 가슴에 쌓인 것이 많았던지, 말이 많아졌다. 왕방울 같은 눈에 눈물이 고이곤 했다.

어느 날 그와 텔레비전 뉴스를 보는데 라면에 공업용 기름을 사용했다는 보도가 나왔다. 그는 씁쓸하게 웃으며 말했다. "그래도 라면이 없었으면 우리는 벌써 굶어

죽었을 거야." 찬밥에 라면을 말아 안주 삼고, 값싼 소주를 들이켰다. 일요일이면 근처 아세아극장과 바다극장에서 홍콩 무협 영화를 동시 상영으로 보았다. 상영관을 나와 낙원상가 주변을 서성였다. 길게 늘어선 좌판의 야한 사진을 힐끔거리기도 하고, 오락기에 매달려 시간을 보내기도 했다. 싫증이 나면 건너편 종로공원 벤치에 앉아 이런저런 이야기를 나눴다.

잊을 수 없는 친구였다. 가진 것은 없었지만 서로를 붙들어 주었다. 청계천 예지상가 한구석 공방에서 오로지 기술을 배우겠다는 집념으로 버티던 동료였다. 심부름과 광내기로 몇 해를 보낸 우리는 꼬마에서 기술자가 되기를 꿈꿨고, 언젠가 어엿한 사장으로 불리길 바랐다. 살인적인 저임금을 견디며 기술을 익혔고, 군에 다녀와서는 잊힌 감각을 되찾겠다며 다시 몇 해를 매달렸다. 그런 '우리'가 모여 있던 공간이 청계천이었다. 그들은 서로를 의지했고, 그 우정으로 청계천의 시간을 밝히고 있었다.

올림픽을 앞두고 도시는 들떠 있었지만, 종로의 공기는 달랐다. 학생들의 시위가 잦았고, 거리는 곧잘 투석전과 최루탄으로 뒤덮였다. 단성사 뒤편 귀금속 골목에 심부름을 다닐 때면, 대학생으로 보이는 이들이 무리를 지어 서성였다. 금방이라도 무슨 일이 터질 듯한 긴장감이 감돌았다. 이내 종로 거리는 최루탄 연기로 가득 찼다. 나도 사람들에 휩쓸려 달아나다가 다시 단성사 앞에 모였다. 그리고 어느 순간, 나 역시 구호를 외치고 있었다. "독재정권 타도"라는 말이 내 입에서도 흘러나왔다.

공방으로 돌아와 일을 마친 뒤, 공동 수돗가에서 왕방울에게 낮에 겪은 시위 이야기를 했다. 그는 잠시 듣고 있더니 자기 공방으로 나를 불렀다. 다락을 뒤지더니, 함께 일하던 형이 두고 간 책이라며 툭 건넸다. 표지에는 "어느 청년 노동자의 삶과 죽음"이라고 적혀 있었다. 전태일의 삶을 다룬 책이었다. 어렴풋이 알고 있던 이름이었지만, 그 책은 내 삶의 방향을 바꿔 놓은 계기였다.

며칠 뒤, 퇴근 무렵 수돗가에서 손톱 밑에 낀 광약을 칫솔로 문지르고 있었다. 그때 "우당탕" 발소리와 함께 "택시 불러!"라는 다급한 외침이 들렸다. 기사들이 왕방울을 업고 계단 아래로 뛰어 내려갔다. 떨어진 공구를 줍다 빠진 전기 코드를 발견한 기술자가 이를 다시 연결한 순간, 맞은편에서 롤러를 수리하던 왕방울의 손이 롤러에 빨려 들어간 사고였다. 손가락 세 마디가 으스러졌다. 세공사에게 손은 생명과 같다. 그 사고는 곧 생업의 끝을 뜻했다. 그날 이후 나는 왕방울을 다시 보지 못했다.

어느 추석 연휴, 비가 내리던 날이었다. 그날 공방에 도둑이 들었다. 연휴가 긴 틈을 노려 옥상에서 빗줄을 타고 내려와 창문을 뜯고 침입했다. 함께 일하던 기사 형은 고향이 부산이었지만 내려가지 않았다. 낮에는 비디오방이나 만화방에서 시간을 보내다 나를 불러냈다. 눈 밖에 나면 기술을 배우기 어렵다는 생각에 나도 연휴 동안 공방에 나갔다. 그날 밤 술을 마시고 잠들었는데 새벽녘 갑자기 인기척이 났다. 기사 형은 술기운에 맞섰다가 허벅지를 칼에 찔려 쓰러졌다. 바닥이 순식간에 피로 물들었다. 우리는 손이 묶인 채 새벽까지 방치됐다. 다행히 다방 아가씨가 연휴 중 공방에 들렀다가 현장을 발견했다. 묶인 것을 풀어 주고 경찰에 신고했다. 조금만 늦었어도 기사 형은 위험했을 것이다. 정말 거칠고 위태로운 시절이었다.

그 뒤로 내 아래에 새 '꼬마'가 들어왔다. 나는 다시 속도를 내 기술을 익혔다. 기사 형이 까다로운 공정을 끝내면 내가 이어받아 마무리했다. 다행히 반지 세공은 내 적성에 맞았다. 스물 후반에는 중급기사로 인정받았다. 그 무렵 우리 둘은 청계천 예지상가에서 손이 빠르기로 이름이 났다. 다방에 커피를 주문하면 배달 아가씨들이 서로 우리 공방에 오겠다고 다툴 정도였다. 올림픽 이후 경기가 좋았고, 청계천 일대도 활기가 넘쳤다.

다방에서 일하던 여성 중에는 학교를 마치기도 전에 상경한 이들이 적지 않았다. 어느 날 아침 일찍 출근했더니 공방 문이 안에서 잠겨 있었다. 문을 두드리자 기사 형이 멋쩍은 얼굴로 열어주었다. 뒤이어 미성다방 아가씨가 부스스한 차림으로 나왔다. 나는 그저 아침부터 커피를 마셨겠거니 생각했다.

일 년 중 가장 들뜨는 날은 공방의 카펫과 수건, 심지어 화장실에서 손 씻은 물까지 수거하는 날이었다. 작업 과정에서 흩어진 금가루를 모으기 위해서였다. 재를 모아 아연에 황산을 부으면 금이 추출됐다. 금을 회수하는 날이면 우리도 작은 잔치를 벌였다. 공방 문을 일찍 닫고 탕수육을 시켜 고량주를 마셨다. 곧 고스톱판이 벌어졌다. 나는 옆에서 담배와 커피를 사 오고, 잔돈을 바꿔다 주며 거들었다. 그러면 얼마간의 용돈을 쥐여 주었다.

그날은 미성다방 아가씨도 퇴근하지 않고 늦게까지 함께 어울렸다. 돈을 딴 사람이 기분이 들떴는지, 분위기에 취해 국일관 나이트클럽으로 자리를 옮겼다. 한바탕 놀고 다시 공방으로 돌아와 침낭을 펴고 잠을 청했다. 미성다방 아가씨는 기사 형과 다락으로 올라갔다. 나는 조용히 공방을 나와 텅 빈 청계천 거리를 걸었다. 새벽 공기가 서늘했다. 출근 시간에 맞춰 다시 돌아왔다. 이후 두 사람은 함께 살기 시작했고, 고향 부산으로 내려가 금은방을 차려 잘산다고 들었다.

1980년대 말부터 주물 반지가 본격적으로 들어왔다. 상권도 피카디리극장과 단성사 일대로 넓어졌다. 주물 반지는 전 과정을 손으로 만드는 전통 세공과 달랐다. 원본을 떠 거푸집을 만든 뒤 그 틀에 금을 부어 기계로 회전시켜 찍어내는 방식이었다. 속도가 빠르고 대량 생산이 가능했다. 그 결과 손 세공 반지는 점차 가격 경쟁에서 밀렸다.

한편, 일본에서 기술을 익힌 이들은 현지 시장을 돌며 새로운 기법을 배웠다. 노트에 디자인을 옮겨 그리거나 사진으로 기록해 돌아왔다. 이들은 세공 기술은 물론, 문양을 새기는 조각과 다이아몬드 세팅, 디자인 감각까지 갖췄다. 업계에서는 이들을 '마스터'라 불렀다. 전 공정을 소화하는 기술자였기에 스카우트 경쟁도 치열했다. 나 역시 마스터를 꿈꿨다. 기술은 나아졌지만, 주물 반지 확산으로 임금은 오르지 않았다. 세공을 배우

려는 사람도 줄었다. 주물 반지를 다듬는 인력으로 대체
되면서 기술의 맥이 끊기기 시작했다. 마스터가 되려면
최소 십 년 이상 몰두해야 했다. 그러나 작업 환경이 급
격히 바뀌며, 전통 세공을 완성도 있게 구사하는 이들은
점점 드물어지고 소수만 명성을 얻게 되었다.

일을 마치고 전철을 타러 종로로 나오면, 거리에는
시위하는 학생들이 모여들곤 했다. 누군가 건네준 유인
물에 '군부독재 타도', '노동해방'이라는 문구가 또렷했
다. 전철 안에서 한참을 읽었다. 정치학교 강의를 알리
는 안내도 실려 있었다. 종로3가 익선동 인근 청년 단체
가 배포한 홍보물이었다. 예지상가 골목에도 이들이 붙
인 포스터가 눈에 띄었다.

나는 무엇에 이끌렸는지 1989년 그 청년 단체의 문을
두드렸다. 그들은 노동 현장에서 온 나를 반겼다. 설명
하기 어려운 해방감이 밀려왔고, 스스로도 조금은 당당
해진 듯했다. 강의에는 권오창 원로 혁신계 인사, 오세
철 교수, 유초하 교수가 참여했다. 특히 박준성 선생의
강의는 당시 사회 현실을 이해하는 데 큰 도움이 됐다.
집회에 나가고 학습 모임에도 참여했다.

그러나 공방에서의 일은 늘 마음에 걸렸다. 현실과
이상 사이의 간극이 컸다. 공방 사장들은 점차 나를 꺼

렸다. 이상한 종교에 빠졌다는 소문이 돌았고, 밤늦게까지 외부 활동을 하다 출근해 졸기만 한다는 이유로 채용을 기피했다.

2001년 공방 일을 그만두고 현장을 떠났다. 이후 단체에서 노동위원장을 맡아 상근 활동을 시작했다. 몇 해 뒤 최창우 의장 등과 함께 국가보안법 위반 혐의로 두 차례 구속되었다. 이후 청년운동과 노동운동을 거쳐 빈민운동으로 활동 영역을 넓혔다.

이상이 예지상가와 얽힌 나의 이야기다. 그 공간은 이제 사라졌다. 2004년 2월 예지동 일대 재개발 구역이 제4구역으로 통합되었다. 기반 공사가 끝나면 높다란 건물이 들어서고, 업무시설과 오피스텔, 호텔이 자리를 채울 것이다. 귀금속 상가 대부분은 맞은편 인의동 세운 스퀘어로 이전했고, 예지동에서 좌판을 펴던 노점상 일부도 함께 옮겼다.

2부

개발과 저항의 시간

5장 　　　 청계천 일대 재개발 잔혹사

1. 1970년대, 아파트 아파트

청계천 복개는 1955년부터 15년에 걸쳐 진행된 것으로 알려졌다. 그러나 1970년대 말, 34번 버스를 타고 달리다 보면 하류인 용두동 인근에서도 공사가 계속되고 있었다. 아직 복개되지 않았던 청계천 둑방에 대한 내 기억은 다음과 같다.

한겨울, 형제들은 둑방 아래에서 축구를 하고 있었다. 개울은 거의 말라 있었고, 듬성듬성 얼어붙은 빙판 위에서는 연을 날리거나 썰매를 타는 아이들도 보였다. 근처 공터에는 굴착기 몇 대가 서 있었다. 멀리서 어른들 손에 무엇인가가 질질 끌려오는 모습이 보였다. 눈이 뒤집힌 작고 검은 개였다. 큰형은 두 손으로 내 눈을 가렸다. 잠시 뒤 연기가 피어올랐다. 개발 지역을 떠돌던 개를 잡아 몸보신하던 날이었다. 놀 곳이 마땅치 않던 우리는 복개되지 않은 청계천에서 며칠 뒤 다시 공놀이를 했다. 하류 쪽으로 얽혀 있던 판잣집 위에는 철거를 알리는 현수막이 걸려 있었다. 굴착기 앞발에 판잣집이 얼음처럼 부서지는 모습을 보았다. 하얀 벽돌 아래에는 누렇게 뜬 책들과 버려진 결혼사진이 흩어져 있었고, 용두동 쪽 공사 현장에는 눈 덮인 살림살이가 오후 햇살 아래 아무렇게나 널려 있었다. 모두 떠난 자리에는 길을 잃은 커다란 검은 개 한 마리가 남았다. 봄과 여름이 되면 청계천의 물은 범람할 듯 불어났다. 시커먼 물이 흐르던 강변에는 장미가 심기고 화려한 가로등이 들어섰다. 그러나 아는 사람은 안다. 장미꽃이 흩어지던 청계천 공터가 한때 개를 잡던 곳이었다는 사실을.

1963년 워커힐 호텔이 미군 휴양 목적으로 개관했다. 김포공항에서 청계고가를 이용하면 도심을 가로질러 최단 거리로 단숨에 도착할 수 있었는데, 이는 당시로서는 일종의 고속도로였다. 그런데 이 고가도로를 처음 구상한 주체는 행정 당국이 아니라 상인들이었고, 실제로 이들이 직접 제안했다.

당시 청계천 일대 상인 2천여 명은 고가도로를 건설하고 그 아래에 상가를 조성하겠다는 계획을 세워, 도면까지 첨부해 서울시에 청원했다. 이 계획은 긍정적으로 검토되었고, 고가도로 건설 이후 점포 연고권을 20년간 상인들에게 인정하며 서울시가 공사를 지도·감독한다는 조건으로 도시계획위원회를 통과했다. 다만 허정 당시 서울시장은 14억 환을 은행에 예치해야 허가장을 발급하겠다는 추가 조건을 내걸었다.[59] 실제로 상인들이 6억 환을 모으자, 여러 은행이 이 예치금을 유치하려고 경쟁하는 예금 쟁탈전까지 벌어졌다고 한다.[60] 그러나 공사는 더 이상 진전되지 않았다. 예산과 자재 문제로 시행이 지연되다가, 허정 시장이 경질되면서 고가도로 계획은 잠시 중단되었고 이후 다시 등장하게 된다.

고가도로에서 내려다보면 청계천 주변의 판자촌이 눈에 띄었는데, 판자촌이 철거된 후 1969년 7층 높이 총 24동의 규모의 삼일아파트가 들어섰다. 3·1운동 50주년을 기념하여 지어진 시민아파트다.[61] 삼일아파트는 주상복합 형태로 1층은 공구상가와 기계상가 그리고 헌책방 등이 자리 잡았고, 2층은 사무실이나 창고 등 다양한 용도로 사용되었으며 3층부터 7층까지가 주거 구역이었다. 엘리베이터는 없어 걸어서 올랐다. 내가 1978년 삼일아파트에 살던 기억은 다음과 같다.[62]

삼일아파트 주변에는 고가도로가 쭉 펼쳐져 있어 한

---

59 "실현될 서울 고가도로", 조선일보, 1959.04.19.

60 "[로−타리] 청계천 건설비 예금 쟁탈", 경향신문, 1959.04.25.

61 청계천박물관 편, 「천변호텔, 3·1아파트」, 청계천박물관, 2019, 3쪽.

62 아래 내용은 2019년 4월 청계천박물관에서 개최한 〈천변호텔, 3·1아파트〉 전시의 '내가 살았던 3.1 아파트' 인터뷰에도 실렸다. 온라인 전시관 https://museum.seoul.go.kr/ CHM_HOME/jsp/MM03/vr/115/index.html

눈에 보아도 굉장히 거대하고 위엄 있었다. 근처에 오래된 벼룩시장이 많았고 가끔 원숭이를 데려오는 약장수도 볼 수 있었다. 공구상가처럼 볼거리도 많아 청소년기이던 나에게 아주 신나는 놀이터이기도 했다. 삼일아파트 옥상은 개방돼 있어서 아이들이 놀거나 빨래를 널어 말리는 공간이었고, 화단과 장독대, 안테나가 어지럽게 뒤섞여 있었다. 중학생이던 그 시절, 추석을 앞두고 개기월식을 구경하려고 옥상에 돗자리를 깔았다. 형제들과 밤하늘을 보며 도란도란 이야기 나누던 기억이 선하다. 집 내부는 33제곱미터(10평) 크기로 방 두 칸에 작은 화장실이 있는 세대도 있었고, 나무 마루와 연탄보일러를 갖췄다. 당시로선 신식 아파트였지만, 7층까지 연탄을 지고 오르는 불편을 감수해야 했다.

우리 가족은 삼일아파트 20동에 살았다. 현관문을 열고 들어가면 작은 마루가 있고, 어머니 아버지가 안방을, 삼형제가 작은방을 썼다. 작은방 가운데에는 미닫이문이 있어 형제들이 싸우면 어머니가 나눠 재우기도 했다. 그 좁은 집에 벽장과 다락방까지 있었다. 화장실은 복도 중간의 공용화장실이라 아침마다 어려움을 겪었다. 다행히 나중엔 집안에 화장실이 있는 7동으로 옮겼지만, 그전까지 공용화장실에서 목욕, 용변, 빨래를

삼일아파트 복도, 2005년

다 해결했다. 아파트 주변은 사방이 막히지 않아 굉장히 멀리까지 내다보였다. 건너편 낙산의 야경이 기억에 오래 남아 있다. 후에 이사한 동대문상가아파트는 시야는 막혀 있었지만, 삼일아파트에 비해 새것이라 깨끗했고 목욕탕에 따뜻한 물도 나왔다.

삼일아파트 이웃들은 근처 평화시장에서 장사하거나 공구상가, 노점상을 운영했다. 삼형제가 아파트 7층까지 연탄을 날라 용돈을 받았고, 아파트 복도에 펼쳐지는 김장도 도와 김치를 나눠 먹었다. 빠르게 변화하는 사회, 자고 일어나면 개발되는 도시에서 살지만, 과거의 추억을 간직한 청계천이 보존되며 발전하기를 바란다.

현재 국내 최고령 아파트는 1937년 철근 콘크리트로 지어진 충정아파트다. 드라마 〈스위트홈〉(2020)의 배경 모티브가 되었고, 화가 김환기가 거주하기도 했다.

2022년 서울시로부터 철거 판정을 받았지만, 2026년 2월 현재까지 재개발 시공사를 찾지 못하고 있다.

해방 이후 최초의 아파트 단지는 현재는 사라진 종암아파트로, 1957년 중앙산업이 아파트 3개 동을 건축했다. 나는 이곳 인근 숭례초등학교를 다녔고, 같은 반 친구가 사는 종암아파트에 종종 놀러 가곤 했다. 일대의 공터 대부분은 중앙산업 터였는데, 축구나 야구를 할 때면 늘 "중앙산업으로 모이자"라고 했다. 아파트 내부에는 수세식 화장실이 있었고, 복층과 비슷한 구조의 작은 방 하나가 딸려 있었다. 옥상과 계단, 화단은 아이들의 놀이터였다. 이 지역을 지나는 버스 안내양이 "종암아파트 내리실 분" 하고 외치던 기억도 남아 있다.

손정목에 따르면, 본격적인 아파트 단지 시대를 연 사례는 1962년 대한주택공사가 건설한 마포아파트다.[63] 우리 세대부터 아파트가 빠르게 확산하며 오랫동안 대표적 주거 형태로서 아파트 문화를 형성해 왔으니, 우리를 가히 '아파트 민족'이라 부를 만하지 않을까?

---

63   손정목, 「한국 도시 60년의 이야기」, 한울, 2005.

2. 잘려나간 삼일아파트[64]

청계천 답사에서 빠질 수 없는 주제는 복원 공사를 전후해 벌어진 도시개발의 잔혹사다. 청계천 7가와 8가, 황학동 일대는 1985년부터 주택재개발 구역으로 지정됐다. 사업 인가 직후 시장 상인들의 반대로 황학동 중고품시장은 재개발 구역에서 제외됐다. 나머지 사업은 약 20년을 목표로 추진됐으나, 1990년대에 들어 조합장과 조합원 간 갈등이 불거졌고, 시공사였던 동아건설이 IMF 외환위기 여파로 부도를 맞으며 중단됐다. 이후 1997년 황학 재개발조합은 총회를 열어 롯데건설과 함께 사업을 다시 추진했다. 사업 승인 당시 계획은 2002년 철거를 마치고 착공해 2005년까지 완공하는 것이었다.

다음은 2003년 철거가 시작되던 무렵, '빈민-학생 연대 활동'에 참여한 학생들과 청계천 삼일아파트 철거민 대책위원회 임병근(당시 58세) 씨에게 들은 이야기다.

---

64 2005년 11월 2~3일 경실련회관 대강당에서 개최된 올바른청계천복원을위한연대회의 주최의 '서울시 청계천 사업 평가 토론회: 시민이 주인되는 청계천 만들기' 자료집과 『동대문디자인파크의 은폐된 역사와 스타건축가』(리슨투더시티, 2013)에 게재한 필자의 글을 재구성했다.

삼일아파트 주민들이 수년 동안 철거에 맞서 농성했는데, 이제 남은 사람은 50명 정도입니다. 임대주택을 준다고 하지만 입주비 1,500만 원이 없어서 가지 못합니다. 이곳 주민 대부분이 기초생활보장 대상자, 더 가진 것 없는 사람들입니다. 게다가 몇 년째 주거 공간을 지키기 위해 싸우다 보니 생활이 완전히 파탄 지경입니다.

종로구청이 임시 수용 단지를 약속했습니다만, 보다시피 전기도 수도도 끊어버리고 주민을 고립시킨 채 계속 위협하고 있지 않습니까? 심지어 올해 초엔 장애인과 노숙인까지 동원해 철거를 강행했습니다. 그런 동원은 불법이라고 들었습니다. 없는 사람끼리 재개발 지역에서 싸우고 갈등하게 부추기는 파렴치한 작태입니다.

2003년 여름, 삼일아파트 철거가 벌어진 날이었다. 아파트 입구 근처에 천막을 치고, 주민이 내준 국수를 나눠 먹고 있었다. 식사가 끝나면 문화제를 열 예정이었다. 관광버스 한 대가 도착하더니 용역들이 몰려나왔고, 식사가 끝나기도 전에 철거가 시작됐다. 마침 장맛비마저 쏟아졌다. 경찰은 아파트 주변을 에워싼 채 용역들의 집행을 지켜보고 있었다. 학생과 철거민, 용역이 뒤엉켜 현장은 순식간에 아수라장이 됐다. 중년의 철거민 한 사람이 바닥에 주저앉아 울부짖었다. 한여름 소나기에 땀과 빗물이 뒤섞였고, 몸에서 단내가 올라왔다. 경찰의 중재로 철거는 중단됐다. 국수는 빗물에 퉁퉁 불어 도로 위에 흩어졌다. 누군가 작은 목소리로 "먹고 살기 참 힘들다"라고 말했다. 다행히 크게 다친 사람은 없었고 용역들은 물러났다. 빈민 현장 활동으로 연대한 학생이 다음과 같이 말하자, 서로를 격려하는 박수가 철거 현장에 울려 퍼졌다.

연대란 비가 오면 함께 비를 맞는 것, 뜨거운 아스팔트 위에서 함께 땀 흘리는 것, 바람이 불면 바람이 부는 대로 맞서 싸우는 것 아니겠습니까? 저는 더위에 약하지만, 우산을 함께 받쳐 들고, 부채를 나눌 수 있도록 힘쓰겠습니다. 여러분의 문제와 나의 문제가 다르지 않다는 사실을 알고, 돕는 사람이 아니라 함께하는 사람으로 행동하겠습니다. 말이 아닌 실천으로 옮기겠습니다.

일방적인 도움은 한쪽을 비주체적 대상으로 머물게

하기 쉽다고 한다. 서로가 동등하다는 전제 위에 설 때 대상화의 문제를 넘어 공동의 동일성을 형성할 수 있다고, 선배로 보이던 학생이 정리 발언했다. 그날 연대한 학생들 가운데 누군가는 사회운동가가 되어 지금도 집회 현장에서 만난다. 또 다른 이는 전공을 살려 변호사가 되어 인권 보호 활동을 한다. 평범한 직장인이 된 이도 있다. 삶의 경로는 달라졌지만, 젊은 날 철거 현장에서 목격한 현실이 한차례 소나기처럼 스쳐 지나가지는 않았으리라 생각한다.

한편, 철거민의 저항이 거세지자 서울시는 청계천 일대 주민들에게 2~3천만 원의 건물 보상비와 함께, 택지 개발이 진행 중이던 송파구 문정·장지지구 국민주택 분양권을 대안으로 제시했다. 세입자에게는 이주대책용 임대아파트 230가구의 입주권을 제공했다고 밝혔다. 그러나 공사 초기 세입자를 위한 임시 수용 단지를 조성하면 임대주택 입주자가 늘어 수익이 줄어든다는 이유로, 건설업체는 이주대책비 명목의 3개월 생계비 3~400만 원 지급으로 문제를 정리하려 했다. 2002년 8월 이후 입주자에게는 40만 원에서 60만 원의 보상비만 지급한 채 이주시켰다.

나머지 구역은 막대한 철거 용역비를 투입해 시간대

2003년 철거 직전, 주민 농성 중인 삼일아파트

를 가리지 않고 용역을 동원하는 물리적 방식으로 철거
가 이루어졌다. 시간이 흐른 뒤인 2008년, 삼일아파트
절반이 있던 황학동 일대에는 롯데캐슬이 성처럼 들어
섰다. 청계천 삼일아파트는 모두 철거됐고, 동묘 방향
24개 동 가운데 12개 동은 2층만 기형적으로 남았다.
이경아(당시 62세) 씨의 증언에 따르면, 이후 철거민의
행방은 다음과 같다.

철거민 몇몇은 2005년 8월 13일 상암동 근처 18평형 임대주택에 들어갔어요. 월 임대료는 56만 원이었고요. 임대주택 조건은 2년 거치, 3년 분할 상환으로 약 1,500만 원에 대해 연 0.9퍼센트 이자를 매달 납부하는 방식이었습니다. 이 과정에서 건설회사 2천만 원 지급 각서를 둘러싸고 철거민대책위원회에 구청과 경찰서 관계자들이 개입해 회유를 시도한 사실이 드러나면서 상황이 아주 복잡했어요.

무엇보다 청계천 인근 전셋값이 급등하면서 상당수 주택 소유자도 토지보상액을 웃도는 분양가를 감당하지 못해 입주를 포기했다. 청계천 일대의 풍경도 크게 달라졌다. 1~3가에는 패밀리 레스토랑과 노천카페, 대형 생맥주 광장이 들어섰고, 2~5가로 이어지는 공구상가는 임대료가 급등했다. 6가 의류·패션상가는 한때 성장세를 보였으나 현재는 침체 상태다. 7~8가는 전통적인 벼룩시장 품목이 외형상 성장세를 보였고, 공구와 일부 잡화 업종은 현상을 유지하고 있다. 당시 양윤재 서울시 부시장에게 로비한 것으로 알려진 을지로2가 구역의 M사의 시세 차익이 천억 원대에 이른다는 이야기가 돌았다. 개발이익이 3천억 원을 넘는다는 추산도 나왔다.

청계천 주변 재개발의 이익 규모를 가늠하게 하는 대목이다.

3. 상인들과 가든파이브

2003년 청계천 복원 사업이 시작되기 전, 청계천 일대 15만 평에는 6만5,000여 개 점포가 밀집해 있었고 약 20만 명이 이곳에서 생계를 유지했다. 복원 공사를 앞둔 상인들의 반응은 극명하게 갈렸다. 건물이나 토지를 소유한 이들은 장기적으로 상권 변화와 지대 상승을 기대했지만, 세입자와 영세 임차 상인들은 기존 상권 붕괴로 생존권을 위협받았다. 무엇보다 공사가 이어지면서 차량 진입이 어려워졌고, 이는 곧바로 매출 감소로 이어졌다. 청계천을 찾는 방문객 수는 늘었으나, 중심 업종인 의류 쇼핑몰을 제외하면 다른 업종에는 뚜렷한 파급 효과가 나타나지 않았다.

상인들은 2002년 12월 청계천상권수호대책위원회를 발족하고, 서울시에 전담 기구 설치와 상인 이주 대책 마련, 이주 상가 조성 등을 요구했다. 이에 서울시는 2003년 4월 '동남권 유통단지' 건설 계획을 발표했다. 이 계획에 따라 조성된 대규모 상가가 현재 송파구 문정동의 가든파이브다. 서울시는 청계천 3~4가와 을지로

3가 일대에 흩어져 있던 약 6,000개 점포를 2007년 말까지 문정지구로 이전할 방침이었다.[65] 그러나 계획은 기대만큼 성과를 거두지 못했다. 청계천 점포 상당수가 산업용 자재, 기계, 공구 등 이른바 '도심 부적격 업종'이었기 때문이다. 대다수 업종은 가든파이브로 이전하지 못했고, 일부가 떠난 자리에는 새로운 기계·공구 상가가 들어섰다.

청계천 복원 공사 당시 상인을 대변했던 가든파이브 상가번영회 회장 안규호(당시 62세) 씨에 따르면, 서울시는 2007년 새로 조성한 유통단지에 입주할 상인들을 상대로 돌연 계약 특수 조건을 제시하며 압박했다. 이중영업 금지, 전매 제한 기간 설정, 위반 시 단속 등의 내용이었다. 영세한 청계천 상인의 현실을 충분히 고려하지 않은 조치였다. 더욱이 약 7천만 원으로 약속됐던 분양가는 두 배 이상으로 상승했다. 결국 많은 상인이 가든파이브 입점을 포기했다.

이와 함께 서울시는 청계천 이주 대상자 가운데 2003년 7월 1일 이후 입주한 세입자를 '무임승차'로 규

---

65   최인기, 「상인, 노점상, 철거민들의 생존권은 해결되었는가?」, 『서울시 청계천 사업 평가 토론회 자료집』, 올바른청계천복원을위한연대회의, 2005, 12–13쪽.

청계천 철거민, 2017년

정해 지원 대상에서 제외했다. 그러나 청계천 상인 중
에는 공식 계약서 없이 월세를 내며 장사하던 경우가 적
지 않았다. 청계천은 애초에 그런 공간이었다. 상가 한
구석을 빌려 쓰거나, 무허가 건물과 창고를 숙소이자 영
업 공간으로 활용하는 일도 드물지 않았다. 일부는 청
계천을 떠나 지방을 돌며 장사하거나 일용노동을 하다
가, 봄·가을 성수기에 돌아와 다시 장사를 시작하려 했
다. 그러나 이들 역시 '해당 없음'으로 분류됐다. 송파구
가든파이브로 이주가 확정된 상인 가운데 고물 수리·
재활용 업종, 이미 사양길에 접어든 중고 서적과 비디오

판매 업종도 상당수가 제외됐다. 가든파이브에 입주한 상인들도 사정은 크게 다르지 않았다. 오랜 삶의 터전은 작은 환경 변화에도 민감하다. 거래처를 잃거나 작업 환경이 달라지면서 상권이 형성되지 못했고, 생계를 이어가는 일은 결코 쉽지 않았다.

실제로 서울시로부터 특별분양 자격을 부여받은 청계천 상인은 6만여 명 중 6,097명이었으나, 실제 계약자는 1,028명에 그쳤다. 입주 후에도 이들은 임대료 부담을 견디지 못하고 하나둘 떠났고, 10년이 지난 2015년에는 가든파이브에서 영업을 이어가는 청계천 출신 상인이 100여 명밖에 남지 않았다.[66]

황학동 삼일아파트 21동에서 1989년부터 오복식당을 운영하던 안영희(당시 78세) 씨는 이명박 당시 서울시장의 약속을 믿고 이주에 동의했다가 큰 손해를 입었다고 호소했다.[67] 장사가 잘되던 식당의 권리금은 당시 1억 8천만 원에 이르렀다. 그러나 그는 가든파이브 분양권을 받지 못했고, 결국 청계천 노점상으로 돌아왔다. 마지막으로 그를 만났을 때, 그는 기력이 떨어지고 수척한

---

66   "[청계천 복원 10년] 가든파이브 이주 청계천 상인들 '절망'", 국민일보, 2015.09.30.
67   최인기, 『떠나지 못하는 사람들』, 동녘, 2014, 184쪽.

모습이었다. 빚으로 가족까지 신용불량자가 되었다고 말했다. 최근 딸 유산화 씨와 연락이 닿았는데, 안영희 씨는 2021년 코로나19 시기에 세상을 떠났다고 한다. 세상은 유산화 씨를 지금도 철거민 투쟁이 있는 재개발 지역에 발 벗고 연대하는 활동가로 만들었다.

청계천 복원 10주년을 맞은 2015년 10월 1일, 시민 사회는 기자회견과 청계천 걷기 행사, '잊힌 사람들'을 주제로 한 공개포럼, 청계천 사진전 등을 열어 상인 피해에 관한 사회적 관심을 촉구했다. 포럼에서 김상철 당시 노동당 서울시당 위원장은 "가든파이브 정책 실패는 가장 기본적인 1단계, 곧 이주 단계에서의 실패"라고 지적했다. 앞서 2015년 6월, 서울시는 서울시의회 업무보고에서 가든파이브 이주 대책이 '정책 실패'였음을 시인한 바 있다.

같은 날 서울시는 청계천 관리 주무 기관인 시설관리공단 주관으로 복원 10주년 기념행사를 대대적으로 열었다. 행사는 복원 성과에 초점을 맞췄을 뿐, 그 과정에서 나타난 사회·경제적 변화, 특히 청계천 상인들의 피해는 다루지 않았다. 서울과 같은 대도시에서 청계천처럼 거대한 공간의 변화는 물리적 복원에 그치지 않는다. 이미 형성돼 있던 삶의 층위와 관계망의 변화를 함께 고려해야 했다. 청계천에서 생업을 이어온 상인들은 복원 정책의 핵심 이해당사자였다. 그러나 이들은 주변부로 밀려났고, 결국 직접적인 피해를 본 채 잊힌 존재가 됐다.

도시는 물리적 구조물이나 경관만으로 완성되지 않는다. 오랜 시간 다양한 사람들이 만나고 소통하는 공동체의 장이어야 한다. 매일 스쳐 지나가는 익명의 관계가 아니라, 서로의 삶에 스며들어 영향을 주고받는 촘촘한 연결망이 형성돼야 한다. 그런 점에서 본다면 청계천 복원 사업은 출발 단계부터 적지 않은 한계를 안고 있었다.

4. 청계천과 뉴타운 재개발

2005년 9월, "10월이면 청계천이 새롭게 열립니다"라는 현수막이 서울 시내 곳곳에 내걸렸다. 청계천 복원 공사 2년 만에 약 6킬로미터 구간이 모습을 드러냈다. 해외 사례에 비춰보면 통상 10년 이상 소요되는 사업이었지만, 서울시는 2년 만에 마무리했다. 속도와 효율을 중시해 온 개발 문화의 연장선에서 공사는 빠르게 추진됐다. 언론은 이명박 당시 서울시장의 대표적 성과로 이를 집중 보도했다. 이후 그는 한때 복원에 반대하던 상인들

공사 중인 청계천

까지 나중에는 자신을 지지하게 됐다고 주장하기도 했다.[68]

그러나 청계천 복원 사업의 이면도 드러났다. 이명박 당시 서울시장의 측근이던 양윤재 부시장이 건설사로부터 층고 제한 완화와 관련한 청탁과 금품을 받은 혐의로 구속되면서 논란이 커졌다. 복원 공사를 임기 내에 무리하게 마무리하려는 배경에 차기 대선 출마를 염두에 둔 정치적 계산이 있었던 것 아니냐는 의혹도 제기됐

68 "청계천 사업 비화 공개한 MB…"상인 21만명, 4000번 만났다"", 중앙일보, 2025.12.10.

다. 이명박 시장은 이후 대통령 선거에 출마해 당선됐는데 청계천 복원은 주요 치적으로 평가받았지만, 재임 이후 각종 비리 의혹도 불거졌다. 그는 다스 자금 횡령과 뇌물수수 등 혐의로 기소돼 2018년 3월 구속 수감됐고, 2020년 대법원에서 징역 17년형이 확정됐다. 그러나 형이 확정된 지 2년 2개월 만인 2022년 12월 28일, 윤석열 정부에서 특별사면됐다. 미납 벌금 82억 원도 면제됐다.

청계천 복원 공사를 전후해 추진된 뉴타운 사업은 개발 가능성이 보이는 곳마다 확산하며 강북 일대에 불을 지폈고, 서울을 넘어 전국으로 번졌다. 그러나 오래가지 못했다. 미국 서브프라임 모기지 사태로 촉발된 세계 금융위기가 닥치자 한국 경제도 직격탄을 맞았다. 건설 경기가 침체하면서 뉴타운 개발 역시 잇따라 중단됐다. 청계천 복원과 맞물려 진행된 각종 투기성 개발은 부동산 욕망을 자극한 정책이었다는 비판이 뒤따랐다. 2021년 3월 서울연구원이 발표한 「뉴타운·재개발 해제 지역 안전 관리 방안」에 따르면, 서울시 출구 전략에 따라 해제된 뉴타운·재개발 구역의 절반가량이 사실상 방치 상태로 나타났다.

뉴타운 재개발의 종착점은 2009년 1월 19일 서울 용산 재개발 현장에서 벌어진 참사로 상징된다. 설 명절을 앞둔 한겨울, 철거민들이 삶의 터전을 지키기 위해 용산 남일당 건물 옥상에서 농성을 벌였고 경찰과 대치하던 중 화재가 발생해 사상자가 나왔다. 재개발 과정에서 주거권을 위협받은 주민과 경찰의 강경 진압이 맞물려 벌어진 비극이었다. 철거민 5명과 경찰관 1명 등 총 6명이 숨졌고, 다수의 부상자와 구속자가 발생한 '용산 참사'다.

그동안 철거와 행정대집행은 강제력을 수반하는 만큼 물리적·감정적 충돌을 낳아 왔고, 이에 대한 사회적 논란도 지속돼 왔다. 이 과정에서 법 위반에 대한 엄중한 처벌과 실질적인 인권 보호가 작동해야 했다. 그러나 현실은 법보다 물리력이 앞서는 장면이 적지 않았다. 철거당한 이들이 집행 비용까지 부담하는 경우도 있었다. 지금도 곳곳에서 폭력을 동반한 강제력이 반복되고 있다.

주거는 인간의 가장 기본적인 삶의 조건이다. 인간으로서의 존엄과 가치를 유지하는 데 필요한 최소한의 주거 수준을 누릴 권리, 곧 주거권은 기본적 인권에 속한다. 그러나 용산 참사와 청계천을 비롯한 여러 뉴타운 재개발 현장의 현실은 일부에게는 막대한 이익이었을지 몰라도, 다수에게는 존엄과 거리가 먼 삶의 위기였다.

개인과 가족, 이웃이 지역사회와 관계를 맺으며 평온하게 쉴 수 있는 공간이 보장돼야 한다. 부당한 사생활 침해가 없어야 하고, 비자발적 퇴거나 철거의 위협에 놓이지 않아야 한다. 이는 선택의 문제가 아니라 인권의 문제다.

이를 알리기 위해 누군가는 죽음으로, 누군가는 저항으로 현실을 드러냈다. 변화는 더디고 때로는 후퇴하는 듯 보이지만, 문제가 다시 제기될 때 사회는 비로소 움직인다. 갈등과 피로를 감수하더라도 더 나은 방향을 모색하는 과정은 공동체의 미래를 위한 일이다. 인간의 존엄과 인간다운 삶을 위한 권리는 저절로 주어지지 않는다. 저항과 실천을 통해 형성되고 지켜진다는 사실을 되새긴다.

6장

청계천 복원 공사와 노점상

1. 황학동 벼룩시장의 아침이슬

주말이면 상인들이 공터에 모여 파라솔을 치고 좌판을 벌인다. 팔던 물건이나 오래된 생활용품을 자동차 뒤편이나 길가에 펼쳐놓고 손님을 맞는다. 벼룩이 생길 만큼 낡은 물건을 판다고 해서 벼룩시장이라 불린다. 단속이 시작되면 순식간에 자취를 감추는 모습이 벼룩이 튀는 것 같아 붙은 이름이라는 설도 있다. 어수선하고 복잡한 분위기 때문에 도깨비시장이라 부르기도 한다. 이처럼 중고품을 사고파는 시장은 세계 여러 도시에서 찾아볼 수 있다. 그중에서도 청계천 일대는 오랫동안 저렴한 중고 교환 시장으로 이름났다. 과거 황학동을 중심으로 길게 형성된 시장에는 없는 것이 없다는 말이 돌았다. 필요한 것은 무엇이든 구할 수 있다는 의미에서, 미사일이나 인공위성까지 만들 수 있다는 농담도 나왔다. 오늘날에는 동묘를 중심으로 벼룩시장이 형성돼 있지만, 한때 청계천을 떠올리면 곧 황학동이 연상될 만큼 이곳에 먼저 난장이 펼쳐졌다.

　이 일대를 거슬러 올라가면 조선 중기까지는 한양도

성 밖에 해당했다. 논과 밭, 야산이 펼쳐진 공간으로, 왕십리와 뚝섬에서 수확한 채소를 도성 안으로 공급하던 곳이었다. 조선 후기에 이르러 사회·경제적 변화가 진행되면서 점차 도성과 연결된 상업 공간으로 변모했다.[69] 본격적인 시장 형성은 한국전쟁 이후 시작됐다. 전쟁 뒤 쏟아져 나온 군수품과 고물을 생계 수단으로 삼은 사람들이 황학동 일대에서 이를 사고팔기 시작했다. 1946년 무렵부터 성동공업고등학교 일대와 청계천 7~8가 사이에 노점이 밀집했고, 이는 오늘날 시장의 기원이 됐다. 2000년대 들어 청계천 복원 공사 이후 상권이 재편되고 동묘앞역이 개통되자 노점상들은 전철역을 중심으로 이동했다. 휴일이면 동대문도서관 일대와 청계천 풍물시장 주변까지 노점이 급증했다. 규모가 워낙 유동적이어서 정확한 집계가 어려울 정도였다.

황학동을 중심으로 골동품 가게가 성행한 데에는 1970년대 새마을 운동의 영향이 컸다. 마을을 돌며 시골의 골동품과 고물을 사들이는 상인들이 등장했다. 손수레를 끌고 다니며 헌책과 고물, 특히 주방에서 쓰던 오래된 접시와 그릇을 모았다. 장롱 속에 오래 보관해

---

69   청계천박물관 편, 『청계천 벼룩시장 황학동』, 청계천박물관, 2020, 9쪽.

바람에 젖힌 파라솔을 내리는 청계천 노점상, 2017년

둔 물건을 엿과 바꾸는 일도 있었다. 생계가 막막한 이들은 집안의 오래된 집기를 청계천에 내다 팔았다. 헐값에 나온 물건은 황학동으로 모였고, 눈썰미 빠른 수집가들의 손에 들어갔다. 정부도 이 일대를 골동품 전문 상가로 허가해 한때 전문 시장이 형성됐다. 1970년대 고미술시장이 활기를 띠었으나, 1980년대 중반 상권이 장한평으로 이동하면서 중고품이나 골동품으로 분류되지 못한 근현대사 물건들이 새롭게 자리를 차지하기 시작했다.

황학동은 시대의 변화에 맞춰 상권의 성격을 바꿔 왔

다. 한때 중고 가전제품과 비디오테이프, 엘피LP판이 거리를 메웠고, 이후 CD와 각종 전자제품이 자리를 차지했다. 최근에는 의류 구제시장으로도 이름을 알리고 있다. 신당동 인근 중앙시장과 마장로 일대를 보면, 중구 가구 제조업 특화 지역으로 지정된 황학동 일대는 1970년대까지 곡물시장으로 유명했다. 그러나 교통수단 발달과 산지 직거래 확대, 대형마트의 곡물 유통 증가로 싸전이 점차 사라졌고, 그 자리에 가구점이 들어섰다. 현재는 매장 앞에서 제품을 판매하고 뒤편에서 직접 제작하거나, 인근에 별도의 공장을 두는 방식으로 운영한다.[70] 중고 주방 거리도 형성됐다. 폐업한 식당에서 나온 각종 주방 설비를 매입해, 새로 창업하는 이들에게 다시 판매하는 구조다.

황학동의 대표 먹거리로는 오랫동안 곱창이 꼽혔다. 일대에 곱창 골목이 형성될 만큼 성업했는데, 이는 인근에 마장동이 자리한 영향이 컸다. 서울에 육류를 공급하던 배후지였던 이곳에는 일제강점기에 숭인동 도축장과 우시장이 들어섰고, 이후 마장동으로 이전하면서 본격적인 영업이 이뤄졌다. 1961년 도축이 시작된 뒤 중

---

70 금기용 외, 「서울시 우리 동네 특화업종 생태계 연구」, 서울연구원, 2013, 11쪽.

앙시장을 통해 유통되며 1970~80년대에 크게 번성했다. 그러나 2010년 대대적인 단속이 진행되면서 곱창과 술을 팔던 노점상은 대부분 자취를 감췄다. 일부는 중앙시장 안으로 옮겨 영업을 이어가고 있다. 성동공업고등학교 담벼락을 따라 늘어서 있던 주방 설비 노점도 단속 이후 상가 형태로만 남았다.

나는 1990년대 황학동에서 한국전쟁 이후 생활 물품을 팔던 노점상 김종상 씨와 함께 강원도 일대를 돌며 골동품을 수집한 적이 있다. 수해를 입은 생활 물품이 거리로 쏟아져 나오면, 오래된 서적과 잡지를 헐값에 구매할 수 있었다. 고서에 안목이 있던 그는 책을 사들여 단골에게 되팔았다. 책가방과 교복, 초등학교 교과서가 과연 값이 나갈지 의아했지만, 몇만 원에 거래되기도 했다. 오래된 물건들은 황학동에서 보물찾기처럼 주인을 바꿨다.

당시 황학동은 국내 최대 규모의 중고 물품 시장으로 꼽혔다. 노점상이 가장 많이 늘어나는 시기는 추석 전후 가을 초입이었다. 최근 동묘 벼룩시장이 활성화되면서 규모는 더욱 커진 것으로 보인다. 노점상 수는 계절에 따라 달라져 혹한기와 장마철에는 비교적 줄어드는 경향을 보였다. IMF 외환위기 시기와 동묘앞역이 신설된

2000년대, 그리고 2002 FIFA 월드컵을 지나며 청계천 인근 벼룩시장을 찾는 시민이 늘었고, 시장 규모도 한층 확대됐다. 당시 내가 몸담았던 노점상 단체 회원만 해도 청계천 일대에 약 1천 명이 활동했다.

이곳에서는 정해진 동선 없이 걸으며 물건을 살펴보고, 필요한 것을 합리적인 가격에 구매한다. 마음에 드는 물건을 자신의 형편에 맞게 값을 치르는 방식이다. 중고품 거래는 물건이 지닌 과거의 흔적과 현재의 쓰임, 그리고 앞으로의 가치를 서로 교환하는 행위라 할 수 있다.

이곳과 얽힌 기억 가운데 '빽판'과 '빨간책(음란서적)'을 빼놓기 어렵다. 이른바 빽판은 음반 판권자와 라이선스 계약 없이 제작·유통된 불법 복제 엘피를 가리킨다. 가수 정보나 해설지가 생략된 경우가 많았고, 표면 가공이 매끄럽지 않아 음이 튀거나 지글거리는 잡음이 잦았다. 원판이나 정식 라이선스 음반보다 음질이 떨어질 수밖에 없었다. 그럼에도 록과 헤비메탈을 즐기던 이들 가운데에는 빽판 특유의 거칠고 날 것 같은 질감을 선호하는 이들도 있었다. 빽판 제작은 1950년대까지 거슬러 올라간다. 미군 부대에서 흘러나온 원판을 바탕으로 동판을 만들고, 이를 폴리염화비닐PVC로 압착해 복제했다.

2000년대 초반까지 유통된 점을 고려하면 반세기 넘게 시장을 형성한 셈이다.

전성기는 음악다방이 전국적으로 유행하던 1970년 대 후반부터 1980년대였다. 성음레코드, 오아시스레코 드 등 일부 음반사가 초기에 빽판 제작을 통해 성장했 다는 이야기도 전해진다. 당시 빽판 가격은 500원에서 1,000원대로, 원판이나 라이선스 음반의 절반에도 못 미쳤다. 제작 속도가 빨라 신곡을 빠르게 접할 수 있었 고, 프로그레시브 록처럼 대중적이지 않은 장르나 금지 곡도 유통됐다. 유통 음반의 90퍼센트 이상이 해외 곡 이었고, 국내 가요가 제작되는 경우도 드물게 있었다. 그러나 현재 빽판 제작은 자취를 감췄다. 이후 CD가 보 급됐고, 오늘날에는 음원 파일과 유튜브 같은 플랫폼을 통해 손쉽게 음악을 듣는 환경으로 바뀌었다. 시대의 변 화에 따라 유통 방식도 달라진 셈이다.

어느 날 오후, 학교를 마치고 황학동을 거닐다가 김 민기 1집에 실린 '아침이슬'을 들었다. 당시 미국 팝과 포크가 주로 유통되던 시절이었는데, 이 음반은 유신 정 권을 비판했다는 이유로 발매 직후 전량 폐기됐다. 박정 희 정권은 '저속하고 퇴폐적인 대중매체를 정화해 건전 한 국민정신을 진작한다'라는 명분을 내세웠다. 근거는

1972년 개헌으로 도입된 유신 헌법 제53조, 이른바 대통령의 긴급조치권이었다. 긴급조치는 헌법상 국민의 자유와 권리를 잠정적으로 제한할 수 있는 강력한 권한이었다. 집권 이후 각종 심의 기구가 설치됐고, 이를 토대로 1970년대 중반 전례 없는 대중문화 통제가 이뤄졌다.

1968년을 전후해 전 세계적으로 확산한 저항과 해방의 흐름, 이른바 68혁명의 영향 속에서 한국에서도 대학가를 중심으로 자유와 저항의 분위기가 번졌다. 청바지, 통기타, 생맥주, 미니스커트로 상징되는 청년 문화가 등장했다. 그러나 정권은 이를 체제에 대한 도전으로 간주했다. 장발과 미니스커트를 이유로 길거리 단속을 벌였고, 방송 프로그램과 연예인의 외래식 이름까지 규제했다. 노래 역시 불온하다거나 퇴폐적이라는 자의적 기준으로 금지곡으로 묶였다. 대마초 흡연 단속도 확대됐다. 당시 명확한 처벌 근거가 정비되지 않은 상태에서 수사기관에 단속이 지시됐고, 이후 같은 해 대마관리법이 제정되며 가수와 연예인이 대거 체포됐다. 문화 전반이 통제의 대상이 된 시기였다.

김민기의 '아침이슬'을 알게 된 것은 큰형 덕분이었다. 대학 1학년이던 형은 나를 삼일아파트 옥상으로 데려가 그 곡을 통기타로 연주하며 불렀다. 노래를 마친 뒤 형은 이 노래를 함부로 부르면 쥐도 새도 모르게 잡혀갈 수 있다고 말했다. '잡혀간다'라는 경고는 오히려 호기심을 자극했다. 결국, 금지곡만 모아 녹음한 테이프와 빽판을 사기 위해 노점상 앞을 서성였다. '아침이슬'과 '거치른 들판에 푸르른 솔잎처럼(상록수)'뿐 아니라, 양희은의 '이루어질 수 없는 사랑', 신중현의 '미인', 이미자의 '동백아가씨', 송창식의 '고래사냥'도 금지곡으로 묶여 있었다. 노래 한 곡이 체제 비판이나 풍기 문란이라는 이유로 쉽게 금지 대상이 되던 시절이었다.

상인은 앞으로도 정식 발매가 어려우니 지금 사지 않으면 구하기 힘들 거라 귀띔했다. 결국 금지곡 모음집 테이프를 구매했다. 이후 김민기 1집 정규 음반을 손에 넣은 것은 고등학교 2학년 때였다. 김민기 1집 수록곡 가운데 특히 '종이연'을 좋아했다. 음반 재킷에는 후반부 가사가 "어딘지 멀리 떠나갔는데…"로 적혀 있지만, 실제 음원에서는 "헬로 아저씨 따라갔다는데…"로 불린다. '헬로 아저씨'는 당시 주둔하던 미군을 상징하는 표현으로 읽힌다. 이 곡은 처음 '혼혈아'라는 제목으로 발표될 예정이었으나, 심의 과정에서 '종이연'으로 바뀌어 발매됐다. 타령조 장단 위에 얹힌 선율은 전반적으로 침잠해 있고, 가락 곳곳에 한이 배어 있다. 화자는 혼혈 아동으로 설정됐는데, 하룻밤 사이 편지 한 장만 남기고 떠난 존재를 연상시키며 어머니가 기지촌에서 일했을 가능성을 암시한다.

당시 혼혈 아동에 대한 사회적 편견이 극심했던 현실을 배경으로, 친구 없이 홀로 종이연을 날리는 아이의 모습이 그려진다. 개인의 서사를 통해 시대의 그늘을 드러낸 노래다. 이처럼 김민기는 기지촌 아이의 정서와 당대의 현실을 절제된 창법으로 담담히 풀어냈다. 시대의 공기는 무거웠고, 노래는 그의 삶과 맞닿아 있었다. '끓는 피'는 한낮의 열기처럼 응축돼, 서러움으로 맺혀 있었는지도 모른다.

통제의 불똥은 출판과 영화로 번졌다. 이념과 사상을 담은 책은 금서로 묶였고, 영화는 표현 전반이 제약됐다. 1974년 1월 8일 긴급조치 제1호가 발동된 뒤 총 9차례 공포됐으며, 1979년 10·26 사건으로 박정희가 사망한 이후 1980년 10월 27일 헌법 개정과 함께 폐지됐다. 그러나 억압은 곧바로 끝나지 않았다. 전두환 군사정권이 집권하면서 통제는 다른 방식으로 이어졌다. 규제가 심했던 시기, 한국 영화계는 이른바 성인영화라는 장르를 확장했다. 1970년대 〈별들의 고향〉, 〈영자의 전성시대〉 등 이른바 '호스티스물'이 등장해, 상경한 여성의 삶을 전면에 내세우며 노출과 자극성을 강화했다. 1980년대로 접어들면서 이른바 '3S 정책(스크린 · 스포츠 · 섹스)'이 본격화했고, 상업 영화는 선정성을 앞세워 관객을 끌어모았다. 비디오테이프 보급과 맞물려 〈애마부인〉 시리즈를 비롯한 에로 영화가 쏟아졌고, 여성은 욕망의 대상으로 소비됐다. 억압적 정치 환경과 상업적 문화 전략이 맞물린 결과였다.

청계천 일대는 한동안 음란물의 제작과 유통 경로로 기능했다. 붉은 카바이트 등 불빛 아래 서양 여성의 나체 사진이 실린 '빨간책'이 가판대에 전시됐다. 황학동과 세운상가 일대에는 19금 비디오 가게가 간판을 내걸고 영업했다. 작은 방에서 극장처럼 상영하는 곳도 있어, 대낮에도 호객이 이어졌다. 이처럼 청계천은 비주류 문화가 모여든 공간이자 산업화의 빛과 그늘이 교차하던 장소였다.

2. 세운상가 공구상의 죽음

이명박 서울시장이 추진한 청계천 복원 공사는 일대 상인들의 생계를 한꺼번에 뒤흔든 전대미문의 사건이었다. 그 전조는 2002년 8월 23일, 세운상가 인근에서 공구를 팔던 노점상 박봉규 씨의 분신 사건이었다. 그는 단속 과정에서 압수된 리어카를 돌려받기 위해 서울 중구청을 찾았다가 격분해, 이명박 시장 앞으로 유서를 남기고 휘발유를 끼얹어 분신했다. 전신 3도 화상, 80퍼센트에 이르는 중상을 입고 영등포 한강성심병원 중환자실로 옮겨졌으나 끝내 숨졌다. 이 사건을 계기로 상인들과 노점상들은 더 이상 물러설 수 없다고 판단했고, 생존권을 둘러싼 저항이 본격화됐다. 2003년 청계천 복원 공사를 앞두고 갈등이 심화되자, 같은 해 3월 노점상들은 '청계천 노점상 생존권 사수 투쟁위원회'를 결성해 대응에 나섰다. 이 조직에는 전국노점상총연합, 전국철거민연합, 전국민중연대, 전국농민회총연맹, 민주노총, 민주노동당 등 시민사회단체가 참여했다.

아래는 당시 청계7가 청평화시장 건물 앞에서 장난감 등을 팔던 천문석(1935년생) 씨의 증언이 담긴 인터뷰 기사다.[71]

공사 강행이 초읽기에 들어가자 상인들의 얼굴에 불

---

71   "물과 나무는 살리고 사람은 죽이나?", 《청계천 소식지 1호》, 전국노점상총연합, 2003.07.07.

안이 드러났다. 천문석 씨도 예외가 아니었다. 요즘 심정이 어떠냐는 물음에 그는 "불안하다"라고 답했다. 해는 길어졌지만, 저녁 6시를 넘긴 시각 고된 하루를 마무리하고 있었다. 동료들과 파전을 안주 삼아 술잔을 기울였는지 얼굴이 붉게 달아올라 있었다. 답답한 마음을 쏟아내듯 그는 되물었다. "우리가 이런 대우를 받아야 할 이유가 대체 뭡니까." 평범한 서민이었던 그는 다섯 자식을 키웠다. 그중 딸 하나는 먼저 세상을 떠났다. 아들은 군 복무를 마쳤고, 두 딸은 출가했다. 직장에 다니는 두 아들은 건설 현장에서 저임금 노동을 하고 있었다. 가난을 대물림하는 부모의 심경을 그는 자책하듯 털어놓았다.

"내가 나라에 도리를 못 한 게 있습니까. 나 같은 노점상이 살겠다고 터를 마련하면 서울시가 쫓아내는 게 말이 됩니까. 누가 좋아서 노점상 합니까. 거리로 밀려난 서민이 맨바닥에서 시작하는 게 노점 아닙니까. 여긴 10년, 20년, 길게는 30년을 버텨 상권을 만든 곳입니다. 벼룩시장에서 재활용한 값싼 구제 물건을 팔아 온 세월을 인정해 줘야지요. 하루아침에 대책도 없이 밀어붙이면 우리는 어디로 갑니까. 우리도 국민 아닙니까."

월드컵 경기가 끝난 후 단속에 항의하는 노점상, 2002년

그는 단속 과정에서 세상을 떠난 동료 박봉규 씨를 떠올렸다. 하루 벌어 하루 먹고사는 처지에서 장기적인 저항은 쉽지 않았다. 주름 깊은 얼굴로 그는 말했다. "죽고 싶은 마음이 하루에도 몇 번씩 듭니다. 여기가 바닥인데, 이제 어디로 가라는 겁니까."

청계천의 주인은 화려한 건물과 네온사인만이 아니다. 하루걸러 붕어빵 마차를 빼앗기고, 밀가루를 길바닥에 쏟으면서도 버텨 온 사람들이다. 과태료를 내기 위해 구청을 오가고, 물건을 찾아올 돈이 없어 직원 앞에서 울먹이던 이들이다. 수없이 반복된 단속 속에서도 생계를 일궈 온 영세상인과 노점상의 노력 또한 존중받아야 한다.

이 책을 쓰며 완구 노점상이던 천문석 씨의 행방을 수소문했다. 그러나 구두를 팔던 상인 소순관 씨에게서 안타까운 소식을 들었다. 천문석 씨는 신설동 풍물 벼룩시장에서 장사하다가 2022년경 지병으로 세상을 떠났다고 한다. 소 씨는 "참 선하고 우직한 사람이었다"라며 아쉬움을 전했다.

3. 2003년 저항 일지

2003년 5월 2일, 노점상 1천여 명이 서울시의 단속 행정에 맞서 '청계천 노점 생존권 사수를 위한 선포식'을 청계천 9가 사거리에서 열었다. 서울과 경기도를 비롯해 전국 각지의 상인들이 참여했다. 같은 달 25일에는 서울시가 주최한 '하이서울 페스티벌'과 청계천 복원 기념 시민 걷기대회가 신답초등학교를 출발해 청계고가도로 위를 걷는 방식으로 진행됐다. 이에 맞서 노점상들은 기자회견을 열고, 삼일아파트 인근 건물 옥상에서 현수막을 내걸며 "생존권을 외면한 채 축제부터 여는 서울시를 규탄한다"라고 항의했다.

갈등이 이어지자 6월 4일 경제정의실천시민연합 주최로 '청계천 복원 공사 상인 대책 토론회'가 열렸다. 이자리에서 당시 서울시 건설행정과장은 "노점상은 상가 범주에 포함되지 않는다"라며 "불법이므로 별도의 대책은 없다"라는 기존 입장을 반복했다. 6월 9일에는 전국 노점상연합 김인수 수석부의장과 청계천 노점상 생존권 사수 투쟁위원회 안호 공동대표, 김종상 집행위원장이 서울시 관계자와 면담을 진행했다. 그러나 서울시는 종전 방침을 되풀이했다.

6월 10일에는 전국 노점상 최대 집회인 '6·13 대회'72가 종묘공원에서 열렸다. 남아프리카공화국 출신으로 당시 국제노점상연합 코디네이터였던 팻 호른과 인도노점상연합 대표가 참석한 가운데, 약 5천 명의 노점상이 집결했다. 이들은 "대책 없는 청계천 복원 공사 중단"과 "노점 단속 중단, 용역 폭력 해체"를 요구하며 규탄 집회를 열었다. 팻 호른은 연설에서 "도시 현대화를 추진하는 많은 국가에서 노점상의 생존권이 위협받고 있다"라며 "한국은 이미 경제적으로 성장했음에도 단속

---

72 1988년 서울올림픽을 앞두고 노태우 정부가 벌인 전면적인 노점상 탄압에 대항해 6월 13일 조직적인 생존권 투쟁을 시작한 것을 계기로, 매년 이 날을 기리며 대규모 노점상 집회와 행사를 연다.

생존권을 주장하는 노점상

과 탄압이 반복되는 모습을 확인했다. 노점상과의 대화
를 통해 상생의 방안을 모색해야 한다”라고 강조했다.
집회 이후 국제노점상연합 측과 서울시 건설기획국장
간 면담이 진행됐으나, 서울시는 7월부터 사업을 본격
추진하겠다는 기존 태도를 되풀이했다.

6월 28일에는 삼일아파트 18동 앞 차도에 천막을 설
치하고, ‘청계천 노점상 생존권 사수 투쟁위원회’ 이영
환·안호 공동대표가 서울시와 다시 면담했다. 그러나
“그동안 철거하지 않은 것만으로도 다행으로 알아야 한
다”는 취지의 답변과 함께 요구는 받아들여지지 않았다.

노점상 대책은 여전히 제시되지 않았다.

본격적인 여름으로 접어든 6월 30일, 청계천 노점상 생존권 사수 투쟁위원회 소속 노점상 16명이 오후 7시께 청계고가에 올라섰다. 이 가운데 4명은 몸에 쇠사슬을 감고 농성에 들어갔다. 여름이 지나기 전 생존권을 보장받겠다는 뜻을 밝힌 것이다. 나머지 12명은 현수막을 들고 "대책 없는 청계천 복원 중단"을 외쳤다. 천막에서 집회하던 300여 명이 청계고가 진입을 시도하자, 나들목을 통제하던 경찰과 충돌이 발생했다. 이 과정에서 3명이 병원으로 이송됐고, 고가를 점거한 16명은 연행돼 동대문경찰서로 넘겨졌다. 밤 9시까지 고가와 도로를 점거하며 항의하던 노점상 7명도 추가로 연행됐다.

당시 일부 언론은 노점상을 불법과 폭력의 주체로 규정하는 보도를 내놓았다. 2003년 7월, 서울시는 고가 철거를 신속히 추진했다. 이에 맞서 노점상들은 시민사회단체와 토론회를 열고 기자회견을 이어가며 문제를 공론화했다. 또한, 전국노점상총연합 김흥현 의장이 무기한 노숙 농성과 삭발을 단행하고 단식에 들어갔다. 시청 앞 광장에 좌판을 펼쳐 상징적 영업을 이어가며 청계천 상인 문제를 알렸다. 매출은 미미했으나 시민사회단체의 연대 방문이 이어졌다.

7월 9일, 서울시청 정문 앞에는 노점상 5천여 명이 모여 생존권 보장을 요구하는 대회를 열었다. 그간 청계천 복원 사업에 비교적 우호적이던 언론도 이 집회를 계기로 상인과 노점상 문제에 주목하기 시작했다. 이에 당시 서울시 건설행정과장은 간담회를 통해 "노점 단체들이 자율 정비를 약속했다"라고 밝히며, "시는 이전 영업이나 전업 지원 등을 통해 생존권을 보장하겠다"라고 말했다. 아울러 대책 마련을 위한 실무팀을 구성하고, 청계천 복원 공사와 관련해 노점상 대표들에게 제기된 고소·고발을 취하하겠다고 약속했다. 노점상 피해와 관련해 상담 센터를 설치하겠다는 방침도 내놓았다. 실마리가 풀리는 듯한 대화 국면이었다. 그러나 합의 분위기는 오래가지 않았다. 2003년 10월 16일, 광교 구간을 시작으로 청계고가 철거작업이 본격화됐다. 청계고가의 철거는 상징성이 큰 사건이었고, 다수 시민은 이를 긍정적으로 받아들였다.

여론의 지지를 등에 업고 공사가 본격화하면서 청계천 일대 인도 축소 작업이 시작됐고, 단속도 다시 강화됐다. 노점상들은 이에 대한 설명을 요구하며 당시 서울시 건설행정과장에게 면담을 요청했으나 성사되지 않았다. 결국, 7월에 제시된 대책은 복원 공사의 첫 삽을 뜨기 위한 일시적 조치에 불과했다는 비판이 제기됐다. 곧이어 진행된 청계천 주변 인도 축소 공사는 노점상들의 반발을 다시 불러왔다. 서울시는 기존 5미터였던 청계천 변 인도를 3미터로 줄이는 대신, 인근 조업용 주차 공간을 활용해 영업하라는 방침을 내놓았다. 노점상 저항이 거셀 때는 유화책을 제시하고, 상황이 잦아들면 기존 방침으로 되돌아가는 방식이었다.

4. 가난한 이들끼리 싸우는 현실

밀고 당기는 공방 끝에 대규모 공사가 시작됐다. 2003년 11월 29일, 겨울 초입이었다. 이날 노점상 단체 사무실에는 전화가 빗발쳤다. 서울시가 행정대집행을 실시한다는 정보를 언론과 방송이 사전에 파악하고 대응 방안을 묻는 연락이었다. 노점상들은 긴급회의를 열고 밤 10시께 인원을 집결시켰다. 청계천 7가와 8가 사이에 모인 상인과 시민사회단체 회원 1,500여 명은 결사 항쟁을 결의했다. 더는 물러설 수 없다는 분위기였다. 매서운 바람이 건물 사이를 파고들었고, 이들은 모닥불에 몸을 의지한 채 밤을 지새웠다. 주변에는 경찰이 투입한 채증 요원과 감시 인력이 배치됐다.

서울 지역에서 노숙인 인권운동을 하던 노숙인복지와 인권을실천하는사람들 관계자로부터도 연락이 왔다. 서울역·영등포역·청량리역 일대 노숙인들이 봉고차에 실려 이동 중이며, 행정대집행에 동원될 가능성이 있다는 내용이었다. 날이 밝기 전, 서울시가 고용한 용역 인력과 건설사 직원들이 동대문운동장 인근 청계 6가에서 굴착기로 도로 블록을 걷어내며 8가 방향으로 진입했다. 새벽빛이 희미하게 번질 무렵인 오전 7시께, 경찰은 성동공업고등학교 사거리를 에워쌌다.

청계천 다산교와 청평화시장 인도에 적치돼 있던 노점 마차가 철거되자, 현장은 결국 투석전으로 번졌다. 같은 시각, 당시 서울시장이던 이명박은 자서전에서 "나는 그 시각 그들과 가까운 곳에 자리를 잡고 있었다. 아무도 내가 어디에 있는지 몰랐다. 국장이 있는 호텔 옥상만큼은 아니겠지만 현장이 잘 내려다보이는 곳이었다"[73]라고 했다. 정황상 인근 삼호호텔(현 바티카호텔) 2층 커피숍에서 상황을 지켜봤던 것으로 추정된다.

다급해진 노점상들은 바리케이드처럼 쌓아둔 폐타이어에 불을 붙였다. 일대는 순식간에 검은 연기로 뒤덮였

---

73 이명박, 『청계천은 미래로 흐른다』, 랜덤하우스중앙, 2005, 205쪽.

고, 도심 한복판은 시가전을 방불케 하는 모습으로 변했다. 방송사 취재진도 곳곳에서 상황을 촬영했다. 선두에서 용역 인력과 맞서던 노점상 소순관 씨의 모습도 눈에 띄었다. 그는 1980년대 민주화 운동을 경험한 세대로, 군부독재 종식과 노동운동에 연대했던 이력이 있다. 1992년 총선에서는 민중 후보로 출마해 도시 빈민의 현실을 알리기도 했다. 이날 그는 황학동 일대에서 다른 노점상들과 함께 마스크를 쓰고 각목과 쇠파이프를 든 채 대열에 서서, 생존권을 지키겠다며 돌을 던지며 맞섰다.

청계천 8가 다산교 인근 바리케이드에서 번진 불길은 쉽게 꺼지지 않았다. 아침 방송은 현장 상황을 계속 전했다. 출동한 소방대원이 진화에 나섰고, 용역 인력이 철거를 시도하자 노점상 70여 명이 돌과 쇠파이프를 던지며 격렬히 맞섰다. 철거를 앞두고 비어 있던 삼일아파트에 올라간 일부는 도로 아래로 돌을 던졌다. 빌딩 사이로 떠오른 아침 해가 붉은빛을 더했고, 찬바람은 진눈깨비를 몰고 왔다. 그런데 선두에 선 일부 용역 인력의 차림은 어색했다. 겨울 초입인데도 얇은 옷차림에 슬리퍼를 신고, 술에 취한 듯 비틀거리는 이들이 눈에 띄었다. 서울역 · 영등포역 등지의 노숙인이 동원됐다는 증

화염에 휩싸인 청계천, 2003년 | 작자 미상

언이 이어졌다. 현장에서는 노점상과 노숙인이 서로를
향해 거친 말을 내뱉고, 간판을 집어 들고 위협하는 장
면도 벌어졌다. 생계를 둘러싼 충돌 속에서 사회적 약자
들이 서로 맞서는 비극적 상황이었다.

　이날 노숙인을 포함한 철거 인력은 일당 지급이 지연
되자, 작업이 끝난 오후 3시께 임금 지급을 요구하며 농
성을 벌였다.[74] 이후 장애인과 홈리스 등 사회적 약자를
동원한 강제 철거 문제가 한동안 공론화됐다. 그러나 시

74　"청계천 노점철거 노숙자동원 '뒷말'", 경향신문, 2003.12.01.

간이 흐르면서 관련 보도는 점차 줄어들었다. 다만 이 시기 제기된 문제의식은 이후 공공 집행 과정에서 인권 논의를 촉발하는 계기가 됐다.

이날 저항으로 노점상 간부 10명이 연행됐다. 청계천 노점상 대표였던 홍경희 씨는 다산교 인근에서 쇠파이프를 들고 맞섰다. 피할 수도 있었지만, 대표로서 현장을 지키다 결국 연행됐다. 이 사실은 저녁 늦게까지 언론을 통해 대대적으로 보도됐다. 행정대집행이 마무리된 뒤, 사람들은 청계천 한쪽에 모여 술자리를 벌였다. 자신의 이야기가 뉴스로 전해지는 상황을 낯설어하며 서로를 바라보기도 했다. 그러나 끝내는 말없이 술잔만 기울였다.

당시 서울시장이던 이명박은 "지게차와 경찰, 공무원이 한 조가 된 철거반은 일을 신속하게 처리해 나갔다. 공무원이 현장 사진을 카메라로 찍으면 지게차로 노점을 떠내어 트럭에 실었다. 그 뒤를 이어서 포클레인으로 보도 확장 작업을 시작했다. 노란 스티커가 붙은 노점은 자진 철거 대상으로 모두 동대문운동장으로, 스티커가 붙지 않은 노점은 난지도공원 안에 있는 보관소로 보냈다. 폐타이어와 폐가구, 쓰레기를 태우는 연기로 도심은 하루 종일 검은 안개가 낀 듯했다. 연기와 냄새는 철거가 완료되는 오후 7시까지 진동했다"[75]라고 회상했다.

노점상 행정대집행은 시·구청, 소방, 건설회사 등 유관 기관의 합동 작전으로 진행됐다. 투입 인원은 공무원 3,580명, 용역 인력 2,347명(철거 2,000명, 트럭 운전 300명, 지게차 47명)이었다. 경찰기동대 42개 중대, 4,500명도 지원됐다. 장비는 트럭 300대, 지게차 47대, 소방차 23대, 구급차 10대, 견인차 25대를 비롯해 굴착기, 무전기, 채증 카메라, 노점 패킹 장비 등 400여 대가 동원됐다. 서울시는 이날 하루 노점상 철거에 약 28억 원의 예산을 쏟아부었다.[76]

5. 노점상 걷어차지 마라

2003년 12월, 그해 겨울은 유난히 매서웠다. 강제 철거를 당한 청계천 황학동 일대 노점상들은 용역 인력의 단속을 피해 삼일아파트 주변을 오가며 장사를 이어갔다. 보따리를 폈다 접기를 반복하며 골목 사이를 피해 다녔다. 용역 인력은 아파트 뒤편까지 쫓아와 좌판과 물품을 압수했고, 곳곳에서 몸싸움이 벌어졌다. 우여곡절 끝에

---

75   위의 책, 206쪽.

76   서울역사박물관, 「〈청계천 아카데미〉 교재2」, 서울역사박물관, 2007.02., 53쪽.

서울시와 노점상 측은 협상에 나섰고, 일정한 합의를 거쳐 동대문 풍물 벼룩시장 입주로 이어졌다.

노점상 측은 우선 공권력을 동원한 행정대집행을 중단하라고 요구했다. IMF 외환위기 이후 서민 경제가 여전히 어려운 상황에서, 용역 인력을 앞세운 폭력적 단속은 적절한 행정이 아니라고 주장했다. 아울러 공사 기간 청계천 7~8가 인근 이면도로에 풍물시장을 조성하고 이를 지원하는 방안을 검토해 달라고 제안했다. 풍물시장은 서울의 고유한 생활 문화이자 도시의 자산이며, 상인들의 성실하고 검소한 삶을 보여주는 공간이라고 강조하기도 했다. 이는 청계천 복원과 대립하는 요소가 아니라, 도시 생태계를 풍부하게 만드는 정책으로 발전시킬 수 있다는 의미였다. 또한 현대 도시 정책의 흐름에도 부합하는 만큼 보존과 지원이 필요하다는 입장이었다.

노점상과 시민사회가 청계천 복원 자체를 전면 부정한 것은 아니었다. 2003년 4월 8일 경제정의실천시민연합을 비롯한 시민단체들은 '올바른 청계천 복원을 촉구하는 100인 선언'을 발표하며 공사 연기를 요구한 바 있다. 이 선언에서 청계천 복원을 시민 참여형 사업으로 추진할 것, 생태·문화·역사 복원의 의미를 살릴 것,

착공에 앞서 주변 지역 재개발에 대한 시민적 합의를 이룰 것, 청계천 일대에서 생계를 이어가는 이들에 대한 대책을 마련할 것, 입찰 결과 평가와 시민 합의 이후로 착공 시기를 조정할 것을 핵심 요구로 제시했다. 또한, 환경·사회단체들이 지속 가능한 복원을 위해 다양한 노력을 아끼지 않을 거라고 밝혔다.[77] 노점상 역시 이러한 문제 제기에 동의하며, 생태 복원과 생계 보장이 함께 논의돼야 한다는 의견을 분명히 했다.

청계천 복원 공사는 2003년 7월 1일 청계고가 철거를 시작으로, 광화문 동아일보사 앞에서 성동구 신답철교까지 약 5.84킬로미터 구간을 대상으로 진행됐고, 2005년 9월 30일 준공됐다. 서울시는 청계천 상인들과 여러 차례 면담을 거쳐 복원 공사를 추진했다고 홍보했다. 그러나 집회와 농성을 이어가던 노점상들은 서울시 건설기획국장과의 면담 자리에서 "우리가 축구공은 아니지 않습니까?"라고 항의했다. 상황에 따라 이리저리 떠밀린다는 뜻이었다. 2002년 월드컵 당시 서울 지역 노점상들은 국민적 축제 분위기에 맞춰 상당수가 장사를 접었다. 거리마다 붉은악마의 응원이 이어질 때, 노

---

77 조광권, 『청계천에서 역사와 정치를 본다』, 여성신문사, 2005, 290쪽.

점상들은 단속과 충돌을 우려하며 경기가 끝나기를 기다렸다. 이날 면담에서 노점상과 철거민들은 복원 공사가 충분한 사회적 합의 없이 2년 만에 일방적으로 추진됐다고 지적했다. 시장이 누구와 논의해 결정을 내렸는지 따져 물으며, 당사자와의 실질적 협의가 부재했다고 비판했다.

* * *

청계천을 걷다 보면 계절마다 다른 표정을 마주하게 된다. 한겨울 매서운 바람 속에서도 천변을 오가는 이들이 있고, 봄이면 물가의 꽃을 바라보며 발길을 늦춘다. 여름에는 그늘 아래에서 더위를 식히고, 가을에는 책을 읽거나 해 질 무렵 산책에 나선 여행객들이 눈에 띈다. 자전거로 아침저녁을 달리다 보면 이 공간이 시민의 일상에 깊숙이 스며들었음을 체감한다. 퇴근길에 잠시 발을 담그고 쉬어 가는 사람들도 있다. 그 풍경 속에서 당시의 저항이 정당했는지 돌아보게 된다. 세월이 흐르며 청계천을 바라보는 시선도 달라졌다. 그러나 복원 공사에 맞섰던 치열한 시간은 과거로만 남아 있지 않다. 개발을 둘러싼 갈등은 여전히 반복되고, 다른 형태로 이어지고 있기 때문이다.

프랑스 철학자 앙리 르페브르는 변화의 노력은 새로

운 인본주의와 실천을 향해 나아가야 한다고 말한다. 그가 말한 '도시에 대한 권리'는 행정이 부여하는 권리나 도심의 고급화를 뜻하지 않는다. 그것은 도시 공간을 사용하는 이들의 요구이자 외침에 가깝다. 도시 이론가 앤디 메리필드도 도시를 만남과 사용가치의 공간으로 되살리는 일은 노동자계급의 실천을 통해 가능하다고 짚는다. 공간은 단순한 배경이 아니라, 사회적 힘이 교차하는 장이라는 인식이다.[78] 청계천의 풍경은 달라졌지만, 도시를 누구의 공간으로 만들 것인지는 여전히 현재형 질문으로 남아 있다. 이러한 문제의식을 바탕으로 이야기를 이어갈 수 있을 것이다.

---

78 앤디 메리필드, 『매혹의 도시, 맑스주의를 만나다』, 2005, 195–196쪽.

7장   동대문운동장과 동대문디자인플라자

1. 1970년대의 동대문운동장

집을 나선다. 창신1동 쪽방 골목을 지나 동대문디자인 플라자까지는 걸어서 5분도 채 걸리지 않는다. 옥상에 오르면 예전 동대문 일대가 한눈에 들어온다. 동대문 신발상가는 노쇠한 사람처럼 여전히 그 자리를 지키고 있고, 그 앞에는 한때 번성했으나 지금은 빛이 바랜 동대문 이스턴호텔이 서 있다. 아침마다 눈인사를 나누는 가방가게 주인은 찾아온 외국인 손님과 값을 흥정하고 있다. 자전거를 세워 둔 곳은 지하상가 상인들이 담배를 피우는 자리다. 자물쇠가 채워진 자전거 아래에는 담배 꽁초가 수북하고, 반쯤 남은 커피잔이 굴러다닌다. 자물쇠를 풀고 다시 자전거에 오른다.

도성의 안과 밖을 가르던 청계천 오간수문 쪽으로 향한다. 바람에 파르르 떠는 이름 모를 들풀이 다가올 추위를 알린다. 지난여름 청계천 보도블록 틈에서 푸르게 자라던 풀도 계절 앞에서는 고개를 숙였다. 수많은 사람의 발걸음과 손길, 일상이 겹겹이 쌓이며 도시의 풍경을 바꾼다. 그리고 사람들은 어느새 도시의 일부가 된다.

1970년대 말, 어머니가 신평화시장에서 옷 장사를 하던 시절부터 이 일대를 드나들었다. 그때의 동대문은 늘 혼잡했다. 지금은 사라졌지만, 청계천 고가도로가 지나가고 그 아래로 동대문운동장에서 종로 창신동을 잇는 큰 육교가 가로질러 있었다. 육교 위에는 고무줄과 수세미 같은 자잘한 물건을 파는 노점이 빼곡했다. 그중에서도 대야 위에 도마를 올려놓고 콩고물을 묻힌 인절미를 적당한 크기로 잘라 팔던 노점상이 유독 기억에 남는다. 어머니는 육교를 지날 때면 그 할머니에게서 꼭 인절미를 사셨다. 한 조각은 내 입에 넣어 주고, 나머지는 형들을 위해 노란 봉투에 담아 장바구니에 넣었다. 청계고가도로 위로 큰 짐차가 지나갈 때마다 육교도 함께 떨리듯 흔들렸다. 그 위에서 내려다본 평화시장 일대는 사계절 내내 사람들로 넘쳐났다. 인파의 물결이 끊이지 않던 풍경이었다.

어른들에게 이곳은 삶의 터전이었을 테지만, 내게는 낯설고 신기한 놀이터였다. 동대문야구장과 축구장 사이를 가로질러 들어가면, 사대문 안에서 가장 크다는 수영장이 언덕 위 포플러 숲 사이에 자리하고 있었다. 지금 그 자리에 수영장이 있었다는 사실을 기억하는 사람이 얼마나 될까. 여름이면 수영 강사로 일하던 친척의

동대문운동장 축구장과 야구장, 2007년

손을 잡고 그곳을 찾았다. 2층 높이로 솟은 다이빙대는
어린 눈에 거대한 구조물이었다. 하늘로 치솟듯 뛰어올
랐다가 한 바퀴 몸을 틀어 물속으로 사라지던 장면을 잊
지 못한다.

　수영장만 있었던 것은 아니다. 인근에는 말이 풀을
뜯었고, 기수가 말을 타고 지나가는 모습은 영화 속 한
장면처럼 근사하게 빛났다. 축구장과 야구장, 테니스장
까지 갖춘 동대문운동장은 말 그대로 종합 스포츠 공간
이었다. 겨울이면 주변 상점에서 스케이트화를 샀다. 형
들은 한 켤레를 번갈아 탔지만, 아버지는 발이 작은 나

를 위해 한 켤레를 따로 마련해 주었다. 대형 탁구장도 기억난다. 형들이 치는 공을 주워주다가 조금씩 라켓을 잡게 됐고, 그렇게 탁구를 배웠다.

　무엇보다 축구와 야구 경기를 공짜로 관람했다. 큰형 손에 이끌려 간 축구장에서는 연세대와 고려대의 경기를 구경했고, 야구 명문 동대문상고에 다니던 둘째 형 덕분에 고교야구 경기도 자주 봤다. 경기가 끝나고 직원이 선수 전용 출입문을 열어두면 둘째 형 손을 잡고 몰래 경기장 안으로 들어갔다. 관람석의 환호를 뒤로한 채 모퉁이를 돌아 자리를 잡으면 커다란 운동장이 한눈에 들어왔다. 경기만큼이나 관중 중 누군가의 익살스러운 만담과 모두가 함께하는 응원도 신나는 구경거리였다. 야간 조명이 켜진 거대한 경기장에서 쏟아져 나오는 인파 사이로 냉차를 파는 노점상을 보며 둘째 형 손을 잡아끌었다. 형이 주머니를 털어 산 냉차 한 잔을 나눠 마셨다. 1974년 임권택 감독의 영화 〈증언〉 첫 장면도 떠오른다. 한국전쟁이 발발하자 요란한 사이렌이 울리고 지프차가 운동경기장을 돌며 휴가 나온 군인들에게 즉시 부대로 복귀하라고 알리던 장면이다.

　이런 추억을 나만 간직하고 있을까. 공간을 둘러싼 기억은 같은 장소라도 사람마다 다르고, 한 사람에게도

동대문운동장 야구장, 2007년

상황과 시점에 따라 달라진다. 유년기의 추억은 오랜 세월에 마모돼 이제는 흔적만 희미하게 남았다. 그리고 어린 시절 놀이터가 어느 순간 삶의 터전이자 갈등의 현장이 되었다는 사실 또한 분명하다.

2. 축구장의 풍물벼룩시장

노점상들은 서울시와 재협상 끝에 동대문운동장 입주에 합의했지만, 이곳에 시장이 개장한 2004년 1월 16일 기준 혜택을 받은 상인은 894명이었다. 동대문운동장에 터전을 마련한 노점상들은 작은 승리라 자축했으나 새로운 문제가 기다리고 있었다. 노점상 단체에 속하지 않은 나머지는 입주 대상에서 제외돼 뿔뿔이 흩어졌다. 마구잡이식 이주로 화장실과 상하수도, 전기 등 최소한의 기반 시설도 제대로 갖춰지지 않았다. 입주한 지 얼마 지나지 않아 다시 철거 대상이 될지 모른다는 우려도 컸다. 나는 오래전 경기도 광주에서 벌어진 철거민 집단 이주 사건을 떠올렸다. 단골을 잃은 영세 노점상들은 안정적인 생계를 위해 취업과 지원 대책을 요구했지만, 방치된 채 근근이 생계를 이어가기 어려웠다. 근대 스포츠 유산으로 보존해야 한다는 주장도 이어져 언제 다시 밀려날지 모른다고 생각했다. 이렇듯 동대문 풍물벼룩시장 입주 이후에도 문제는 많았다.

서울시와 풍물벼룩시장 노점상 간 갈등은 운동장 면적 절반을 차지하던 견인차량보관소 이전 문제에서 시작됐다. 서울시는 2004년 5월 31일 계약이 만료되면 견인차량보관소를 이전하겠다고 구두로 약속했다. 그러나 계약 만료를 앞둔 4월, 사전 협의 없이 견인차량보관소를 순환버스 주차장으로 바꾸겠다고 일방 발표했다. 당시 서울시와 면담하던 중구 지역 노점상 대표 홍경희 씨는 행정2부시장과 건설기획국장 서명이 담긴 '청계천 노점 일제 정비 계획' 문건을 입수했다. 2003년 11월 작성된 이 문건에는 '축구장 내 견인차량보관소 이전 후 순환버스 주차장 계획'이라고 적혀 있었다. 서울시가 이미 동대문운동장 내 순환버스주차장을 계획해 두고도 청계천 노점상에게 운동장 입주를 약속했다는 사실이 드러난 것이다.

소순관 중구노점상연합 비상대책위원회 본부장은 "이 시설로는 국제시장으로 발전할 수 없다, 서울시는 약속한 견인주차장을 우리에게 돌려줘야 한다"라고 반발했다. 이어 "상인들이 스스로 떠나게 하려는 정책이라면 다시 싸울 수밖에 없다"라고 경고했다. 청계천에서 20년간 장사하다 풍물시장으로 옮긴 고물상 박윤영 씨는 "처음에는 손님이 많았지만, 자리가 좁아 구경도 못하고 밀린다"라며 "서울시는 약속대로 노점상이 장사할 공간을 제공해야 한다"라고 촉구했다. 그는 "장소가 비좁아 쓰레기 버릴 곳도 없다"라면서 "천여 명 노점상과 가족의 생계가 위협받고 있다. 이런 식으로 서민을 굶길 생각이냐"라고 서울시에 따져 물었다.[79]

청계천의 흑역사는 계속됐다. 처음부터 동대문운동장 입주에 회의적이었던 소순관 씨는 "청계천 대로변에서

---

79 "서울시는 견인차량 보관소 이전 약속 지켜라", 오마이뉴스, 2004.06.08.

동대문 풍물벼룩시장, 2006년

많은 노점상이 뿔뿔이 흩어졌고, 강압에 못 이겨 동대문
운동장으로 들어가 장사했지요. 늘 공만 차던 운동장인
데 축구장에 오폐수를 버릴 곳이 어디 있겠어요. 화장실
도 방치돼 제대로 기능하지 못했고요. 햇빛과 비바람을
막을 아케이드를 설치해야 했는데"라고 회상했다. 서울
시도 청계천 복원을 추진하며 노점상을 축구장으로 밀
어 넣었지만, 상인들의 불만에 일일이 대응하기는 쉽지
않았을 것이다. 경찰 공무원이 상인들에게 접근해 서울
시와 중재하겠다며 갈등을 부추긴 일도 있었다. 그는 아
케이드 공사를 명목으로 상인들에게 7억여 원을 걷었으

나 공사는 이뤄지지 않았다. 상인과의 유착이 드러난 뒤 그는 사직했다.

청계천 황학동에서 옮겨 온 상인들이었지만 동대문운 동장 풍물벼룩시장은 1950~60년대 물건을 손질해 소 비·유통하는 공간이 됐다. 전통 골동품과 고미술 상가 는 일찍이 인사동과 답십리에 자리 잡았고, 동대문 풍물 벼룩시장에는 각종 민속품과 골동품, 생활용품 등 기억 속에 남아 있으나 쉽게 구하기 어려운 물품이 넘쳤다. 아이들은 부모 손을 잡고 구경했고, 외국인 관광객에게 도 이색적인 볼거리를 제공하며 활기를 띠었다. 기존 동 대문 의류시장은 청계천을 따라 동서로 이어져 있다. 반 면 동대문운동장은 대학로와 낙산성곽, 동대문을 거쳐 장충단공원과 남산, 한강으로 이어지는 축 위에 놓여 횡 적 확장이 가능한 공간이다.

두타몰, 현대아울렛 동대문점, 밀리오레, 굿모닝시티 등 쇼핑센터가 대로변에 자리하고, 뒤편에는 노포와 국 립의료원, 한 블록 건너 러시아·우즈베키스탄 거리가 형성돼 있다. 전체를 조망하면 이국적이고 이질적인 분 위기가 중심 상권과 맞물려 다양한 풍경을 만든다. 다소 복잡해 보이는 거리도 동대문운동장 방향을 축으로 개 방적이고 유연한 구조를 이룬다. 상권별로 24시간 주기

동대문운동장 주변 상인들의 집회, 2006년

에 맞춰 영업시간이 달라지며 시간대에 따라 공간의 성
격도 달라진다. 쇼핑몰 휴무일과 명절 연휴에는 적지 않
은 노점상이 새 상권을 형성해 공존한다. 평일에 인도만
점유하던 노점상도 쇼핑센터가 쉬는 날이면 동대문운
동장 일대 차도와 인도를 넓게 사용한다. 이를 '떴다방'
또는 '땡처리 시장'이라 부른다. 이는 상권을 24시간,
365일 활성화하는 기능을 한다. 의류시장의 재고를 처
리해 소비자에게 값싼 이월상품을 제공하고, 도시에서
전통시장의 풍경을 경험하게 한다. 이처럼 일시적으로
선순환하며 용도가 전환되는 거리의 현상은 시장의 자

율적 운영 체계 속에서 쇼핑몰, 상가, 노점상, 소비자가 공존한 결과다. 시장의 가로 공간은 일시적 행위를 수용하고 새로운 활동을 만들어내는 동력이 된다.[80]

노점상들의 우려대로 동대문 풍물벼룩시장은 몇 년 뒤 철거돼 사라졌다. 풍물벼룩시장이 시민에게 알려지고 상권이 형성될 무렵 서울시장이 바뀌었다. 2006년 7월 취임한 오세훈 서울시장은 동대문디자인플라자 건설을 추진했다. 이번에도 노점상은 축구공처럼 이리저리 차이게 되었다.

3. 걸림돌이 된 가난한 사람들

이명박 서울시장이 청계천을 중심으로 가로축 개발을 추진했다면, 오세훈 서울시장은 세로축 개발 구상을 밝혔다. 첫 사업으로 광화문광장 일대 가로수를 베고 광장을 새로 조성했다. 세계에서 유일한 잔디광장의 탄생이었다.[81] 이어 세운상가를 철거하고 녹지축을 조성한 뒤 주변에 고층 건물을 짓겠다는 계획도 내놓았다. 이러한 구상은 최근까지 반복됐다. 낙산과 남산을 잇는 축에서

---

80   이오주은, 「동대문운동장 공원화 사업엔 공원이⋯ 없다?」, 『C3』 270호, 건축과환경, 2007.02.

81   임우진, 『보이지 않는 도시』, 을유문화사, 2022, 157쪽.

단속당하는 노점상, 2017년

동대문운동장은 걸림돌로 지목됐고, 이를 철거해 서울의 랜드마크를 세우겠다는 계획이 제시됐다. 또한 '한강 르네상스' 등 전임 시장에 견줄 성과를 내세우며 도시 미관과 디자인 사업을 추진했다. 2007년 상반기 서울시는 '서울 산업 경쟁력 제고 방안'을 발표했다. 이 자리에서 동대문운동장 2만 7천 평 부지를 동대문디자인플라자로 확정했다.

당시 한류 영향으로 동대문 쇼핑몰 일대는 호황을 누렸고 대형 의류 쇼핑몰이 속속 들어섰다. 서울시는 고층 건물에서 내려다본 동대문운동장 일대가 노후해 도시 경관을 해친다는 여론을 조성했다. 오세훈 서울시장은 풍물시장에 대해 "노점상은 불법이므로 권리가 없다. 동대문 풍물벼룩시장은 서울시의 배려일 뿐이며, 항구적 영업권은 인정할 수 없다"라고 밝히며 강제 철거 방침을 내놓았다. 동대문운동장 철거 보도가 나오자 2007년 1월 동대문 풍물벼룩시장 발전협의회가 꾸려져 서울시와 재협상에 나섰다. 체육시민연대, 민주노동당 서울시당, 문화연대, 문화정책유산연구소, 빈곤사회연대 등을 중심으로 시민대책위원회도 결성됐다. 오세훈 시장 취임 100일에 맞춰 발표한 '시정 운영 4개년 계획'에 동대문운동장 공원화 사업이 확정됐다.

2007년 1월 16일 동대문 풍물벼룩시장 상인과 서울시가 참여한 1차 동대문운동장 발전협의회가 열렸다. 노점상 대표로 전국노점상총연합 한기석 부의장과 나를 포함한 5명이 참석했고, 서울시에서는 건설기획국장 등 5명이 나왔다. 이 자리에서 서울시는 동대문운동장 공원화 사업이 오세훈 시장의 공약임을 강조했다. 동대문 야구장은 철거 후 대체 구장을 건설하고, 축구장은 공원화하며 시민 아이디어 공모 결과도 통보했다. 이미 언론에 보도된 내용을 되풀이하는 브리핑이었다. 이명박 시장 시절 '청계천 시민위원회'가 파행 운영된 것처럼 오세훈 시장도 다르지 않았다. 노점상 단체와 서울시가 함께 꾸린 발전협의회조차 비공식적으로 운영하며 당사자를 형식적으로 참여시키고 실질적으로 배제했다. 서울시는 합의 절차 문제에 민감하게 반응했다. 이 사안이 제기될 때마다 "이미 845차례 논의와 합의가 있었다"라고 주장했다. 그 숫자의 근거는 알 수 없었다.

노점상 측은 이명박 시장 시절 합의한 사항을 근거로, 동대문운동장을 서울시민의 역사적 체육시설로 존중하고 그 안에서 운영되는 풍물벼룩시장에 대한 홍보와 편의시설을 신속히 지원하라고 요구했다. 도난과 화재를 막기 위해 경비 인력 배치도 요청했다. 발전협의회 목표는 노점상 생존권의 장기적 보장이라고 밝혔다. 이때 서울시 공무원의 표정이 굳었고 그는 끝내 입장을 밝히지 않았다.

2007년 2월 27일 2차 회의에서 서울시는 발전협의회가 노점상 철거 반대 기구가 아니라 동대문운동장 공원화 사업을 추진하기 위한 기구라고 일방 통보했다. 회의 참석자 가운데 전국노점상총연합 중앙 실무자였던 나는 직접 이해당사자가 아니라는 이유로 배제됐다. 서울시는 동대문 풍물벼룩시장 상인과 직접 협의하겠다며 발전협의회를 해체했다. 2차 회의 직전에는 '서울시 노점 대책'이라는 이름으로 기자회견을 열어 노점 시범거리 조성과 노점 개선 자율위원회 참여에 반대하는 노점상은 단속하겠다는 자료를 배포했다. 일부 노점상만 선별해 비공식·비공개 협의를 진행하기도 했다. 이어 2007년 8월 22일 동대문구 숭인동 숭인여중 부지에 '청계천 풍물벼룩시장'을 조성하고 동대문운동장은 철거하겠다고 발표했다.

당시 우리 사회에서는 다양한 문제 해결을 위해 신중한 합의와 타협을 요구하는 목소리가 나왔다. '대화와 상생', '사회적 합의'라는 말이 등장했고 갈등 해결을 위한 '거버넌스' 개념도 주목받았다. 그러나 이러한 흐름은 현장에 정착하지 못했고 현실과 거리가 있었다. 공공 갈등을 당사자 참여 속에 합리적으로 해결하겠다는 취지와 달리, 발전협의회는 동대문운동장을 철거하고 새 랜드마크를 조성하는 데 필요한 명분을 마련하는 수단으로 활용됐다.

내가 일관되게 제기해 온 주장은 '관과 민의 협치'다. 서울시의 도시빈민 정책은 겉으로는 합의에 기반한 듯 보였지만, 실제로는 임시 이주 정책을 시행하고 이에 따르지 않으면 배제했다. 이주 정책은 일시적·제한적으로 제도권 안에 편입시키는 방식이었고, 결국 가난한 이들을 배제하는 구조였다.

4. 사라진 근대 스포츠 문화유산

동대문운동장은 조선 후기 수도 방위 기구인 훈련도감과 최대 병영인 하도감이 있던 자리다. 이곳에 1925년 일본 황태자 쇼와 덴노의 결혼 기념사업으로 경성운동장이 건설됐다.[82] 건립 이유는 "운동을 사랑하시는 동궁 전하의 기념사업으로 운동장 설치 계획을 세움"이라는 것이었다. 출발은 식민지 권력의 기념사업이었지만, 경성운동장은 이후 대한민국 근현대사의 주요 공간이 됐다.

"1926년 6월 10일, 순종의 국장이 치러지는 날입니다. 서울의 큰길은 흰옷 입은 군중들로 가득 메워졌습니다. 창덕궁을 빠져나온 장례 행렬은 종로를 지나 영결식이 치러지는 훈련원 마당으로 이동했습니다. 행렬이 경성 운동장에 다다를 즈음, '대한제국 독립 만세'를 외치는 소리가 들렸고 기마경찰들의 진압이 시작되었습니다. 나라를 잃은 사람들의 속 끓는 울부짖음이 경성운동

---

82 한진금 외, 『잘 가, 동대문운동장』, 서울역사박물관, 2014, 10쪽.

장 너머로 들려왔습니다."[83] 조선의 마지막 황제를 보내던 날의 풍경이다.

1945년 해방과 함께 경성운동장은 서울운동장으로 이름이 바뀌었고, 이곳에서 12월 1~2일 대한민국 임시정부 요인들의 귀국을 기념하는 '환국봉영회'가 열렸다. 같은 해 12월 30일에는 신탁통치에 반대하는 우익 집회가, 1946년 1월 3일에는 신탁통치에 찬성하는 좌익 집회가 각각 개최됐다. 1946년 5월 1일 노동절 대회에서는 우익 측 대한노총이 축구장에서, 좌익 측 조선노동조합전국평의회가 야구장에서 집회를 열었다.[84] 이 행사에는 "만국의 노동자여 단결하라"라는 구호 아래 20만 명이 모였다. 노동자만이 아니라 조선 민중 전체의 요구를 대변하는 지지를 얻었다고 한다.[85] 1947년 3월 1일에는 '기미 독립선언 기념 전국대회'가 열렸고, 1949년 7월 5일 김구 선생 장례식에는 100만 명 이상이 참여해 그의 죽음을 애도했다.

한국전쟁 이후 청소년 야구대회와 전국체전 등이 열리며 서울운동장은 근대 스포츠의 중심지로 자리했다.

---

83 위의 책, 46쪽.
84 위의 책, 65쪽.
85 이성아·안재성, 『이수갑 평전: 삼대 머슴에서 혁명의 전사로』, 한내, 2018, 88쪽.

동대문디자인플라자, 2014년

1962년부터 1966년까지 대대적인 보수와 확장 공사
가 진행돼 육상경기장을 비롯해 야구장·수영장·배구
장·테니스장 등 국제 규모 경기를 치를 수 있는 시설이
갖춰졌다. 서울의 핵심 요충지였던 이 운동장은 1985년
동대문운동장으로 개칭됐다. 동대문운동장을 찾아 경기
를 관람하며 희로애락을 함께한 이들이 적지 않았다. 이
처럼 동대문운동장은 서울 올림픽주경기장이 개장하기
전까지 전국체전을 비롯한 각종 체육대회의 주 경기장
역할을 했다.
　　2007년 문화재청의 동대문운동장 '근대 문화유산 조

사보고서'는 동대문 쪽 성벽을 복원해야 하며, 이곳이 시민사·정치사와 직결된 장소인 만큼 보존할 필요가 있다고 밝혔다. 하도감에는 조총과 화약 공장 등이 있었는데 운동장이 철거되고 동대문디자인플라자가 들어서면서 관련 시설이 대거 발굴됐다. 2008년 6월 발굴 이후 1만 평이 넘는 운동장터에서 옛 한양성 이간수문과 성곽 터, 조선 후기 군영 하도감, 군수공방, 병사 숙소 등이 확인됐다. 시민사회는 사라진 줄 알았던 유적이 드러났다고 주장했다. 그러나 동대문디자인플라자 공원에는 발굴 당시 모습을 재현한 모형만 전시됐다. 실제 유물 대신 점토 모형만 남았다.[86]

2007년 8월 체육시민연대와 문화연대, 진보정당 등이 참여한 '동대문운동장 철거 반대 공동대책위원회'가 결성돼 기자회견을 열고 오세훈 시장을 규탄했다. '스포츠인 100인 선언'을 발표하고 시청 앞 1인 시위와 집회도 이어갔다. 그러나 여러 노력에도 대한민국 최초의 근대 체육시설 동대문운동장은 결국 철거됐다. 그 자리에는 새로운 건물이 들어섰다. 간이역이나 돌담길, 이발

---

86   리슨투더시티, 「동대문디자인파크의 은폐된 역사와 스타건축가」, 리슨투더시티, 2014, 13쪽.

소, 최초의 짜장면집 보존을 요구하는 움직임은 있었지만, 동대문운동장은 지켜지지 못했다. 특정 장소에 있어야 할 것이 사라진 공간을 어떻게 기억할지는 남은 이들의 몫이다. 특히 그 공간이 역사성을 지닌 곳이라면 의미는 더욱 크다. 동대문디자인플라자를 찾는 이들이 이 장소를 새롭게 해석하길 바란다.

동대문운동장 철거가 시작된 날은 2007년 12월 19일, 대통령 선거일이었다. 오전 11시경 현장에 도착했다. 밤을 뜬눈으로 지새운 노점상들이 천막 안 난로 곁에 모여 있었다. 서울시가 둘러친 가림막 사이로 경비원 차림의 사람들이 어슬렁거렸다. 그 사이로 거대한 굴착기가 움직였다. 밖에서는 보이지 않았지만, 안에서는 이미 철거가 진행 중이었다. 굴착기가 스탠드를 잠식했고, 파헤친 흙을 트럭이 실어 날랐다. 사진을 찍자 경비원들이 제지했고 몸싸움이 벌어졌다. 대통령 선거에 관심이 쏠린 틈을 타 철거를 강행한 서울시에 사람들은 분노했다. 가림막을 넘어 철거를 막을 수는 없었다. 속수무책으로 지켜봤다. 서울시는 21일 동대문 풍물시장 894개 노점을 대체부지로 옮겨 '청계천 풍물벼룩시장'으로 조성하기로 자치위원회와 합의했다고 발표했다. 그러나 그 자치위원회는 서울시가 임의로 구성한 인원이었다. 그때 조성된 곳이 현재의 서울풍물시장이다.

청계천 복원 공사로 2004년 1월 동대문운동장으로 옮겼던 노점상들은 4년 만에 다시 신설동으로 이전했다. 서울풍물시장에 따르면 "서울시와 '1000번' 이상의 많은 협의를 거쳐 이곳 신설동 '서울풍물시장'이라는 명칭으로 바뀌면서 (…) 세계적인 명소 대한민국의 명소로 태어날 것"[87]이라고 한다. 그러나 이때 이전 과정에서도 일부 노점상은 입주 대상에서 제외되어 생업의 터전을 잃었다. 최근에는 서울풍물시장을 두고 폐지, 유지, 재정비 등 여러 방안이 거론되며 향방이 불투명한 상황이다.

동대문운동장 철거 뒤 들어선 동대문디자인플라자 사업은 애초 발표 때 사업비가 약 900억 원 규모였다. 그러나 2008년 8월 기준 건축비는 설계비 79억 원을 포함해 2,274억 원으로 늘어났다. 전환점은 세계적 건축상인 프리츠커상 수상 건축가 자하 하디드의 설계안 '환유의 풍경'이 당선되면서였다. 설계가 본격화되자 2008년 10월 16일 설계비는 155억 원으로 증가했고, 설계비를 포함한 건축비는 4,089억 원으로 뛰었다. 이는 규모가

---

87   서울풍물시장 홈페이지 http://pungmul.or.kr/kwa-921

지하 1층 · 지상 3층에서 지하 3층 · 지상 4층으로 확대
되고, 연면적도 6만 9,414제곱미터에서 8만 3,024제곱
미터로 늘어난 데 따른 결과였다. 2009년 2월 27일 체
결된 2차 설계 변경은 동대문운동장 터에서 이간수문과
한양도성 성곽 123미터, 하도감, 염초청 등 유구가 대량
발굴된 데 따른 조치였다. 이로써 설계비는 168억 원,
건설비는 4,392억 원으로 다시 증가했다. 2013년 11월
30일 동대문디자인플라자가 준공됐을 때 누적 건축비는
4,212억 원이었다. 여기에 운영 준비비 628억 원이 추
가돼 총 4,840억 원이 투입됐다. 논란은 여기서 끝나지
않았다. 당시 오세훈 시장은 동대문야구장 철거에 대한
반발을 완화하기 위해 서남권 돔구장 건설을 공약했고,
고척돔 건설에 2,023억 원이 투입됐다. 이로써 동대문
디자인플라자 건립과 관련해 서울시가 직간접적으로 부
담한 금액은 7,000억 원을 넘어섰다.[88]

5. 보이지 않는 도시들, 사람들

동대문디자인플라자 완공 이후, 서울의 랜드마크라는
이유로 주변 노점상에 대한 단속은 지속됐다. 동대문디

---

88 "5천억 들인 오세훈 작품, 괴이하다", 오마이뉴스, 2014.03.18.

자인플라자 건너편에서 장사하던 양춘석(당시 67세) 씨
는 공사 기간 내내 단속을 받았다. 그 와중에도 학생들
이 찾아와 빈민연대 활동이라며 연대 의사를 밝혔다고
한다. 거리에서 장사한다는 이유로 비난과 단속을 감내
하던 이들에게, 자신들이 혼자가 아니라는 사실은 위로
이자 또 다른 긴장의 시작이었다.

　동대문운동장 철거와 동대문디자인플라자 건설 이후
단속은 더욱 잦아졌다. 2013년 5월 어버이날을 앞두고
동대문디자인플라자 인근 평화시장 앞 노점상이 강제
철거됐고, 단속은 신당동으로 확대됐다. 6월 25일에는
청계천 황학동 성동공업고등학교 인근 노점이 철거됐
다. 수십 년간 식당 집기와 그릇을 팔던 상인 20여 명의
물품이 중구청이 고용한 용역 인력에 의해 반출·훼손
됐고, 수천만 원대 재산 피해가 발생했다. 이는 일부 정
비 수준이 아니라 황학동 중앙시장 일대 노점을 사실상
전면 정리한 조치였다. 중구청 관계자는 강제 철거 이유
로 "동대문디자인플라자 개장 이후 국제 행사가 열리는
공간에 노점상이 노출된다"라는 점을 들었다. 또 성동공
업고등학교 인근이 박정희 기념공원 조성 예정지와 맞
닿아 있어 정비가 불가피하다고도 했다. 이 과정에서도
학생들과 시민사회단체 활동가들이 현장을 찾아 연대와

지지를 이어갔다.

그러나 2014년 3월 7일, 성동공업고등학교 인근에서 구둣방 노점을 운영하던 조병호 씨(당시 80세)가 세상을 떠났다. 그는 평생 구두를 꿰매고 수선하는 일로 아내와 생계를 이어 왔다. 그가 별세하기 전까지 중구청은 여러 차례 굴착기와 지게차, 용역 인력을 동원해 노점을 철거했다. 조 씨에게 다른 생계 수단은 없었기에, 그는 압수된 신발과 물품을 되찾아와 다시 장사를 이어 가기를 반복했다. 이를 지켜본 다른 노점상들은 크리스마스를 앞두고 돈을 모아 새 마차를 제작해 주었다. 구청이 문제삼은 '무질서'에서 벗어나면 더는 단속하지 않으리라 기대했던 것이다

그러나 중구청은 이를 받아들이지 않았다. 해가 바뀐 뒤 한 달 사이 두 차례에 걸쳐 각 40만 원씩, 총 80만 원의 과태료를 부과했다. 2013년 12월 12일에는 중구 황학동 중앙시장 앞 20여 개 노점 자리마다 화단을 설치해 영업을 막았다. 눈이 내리던 날, 구둣방을 운영하던 조병호 씨를 비롯해 동대문디자인플라자 일대 노점상들은 집회를 열고 중구청 앞까지 행진했다. 고령이던 조씨에게는 무리가 따랐고, 결국 쓰러져 국립의료원에 입원했다. 이후 몇 달간 치료를 받았으나 생활고와 계속된

구둣방 할아버지 조병호, 2013년

스트레스, 지병이던 폐렴이 겹치며 2014년 3월 세상을 떠났다.

나는 한 개인의 죽음을 통해, 거리 상인의 생계와 직결된 행정 조치가 어떤 결과를 낳는지 계속 말하고자 한다. 하루 벌어 하루 먹고사는 노점상의 운명을 무시한 행정이 한 사람의 목숨을 앗아갔으며, 널리 알려지지 않을 뿐 비슷한 사례가 반복되기 때문이다.

2015년에도 서울 중구청은 디자인화 사업을 원활히 추진하기 위해 '도시 미관을 해치는' 노점상을 단속하겠다고 여러 차례 밝혔다. 7월 30일 새벽 2시경, 황학동 중앙시장 일대 노점상에 대한 대대적인 행정대집행이 이뤄졌다. 당시 한국 사회는 메르스 사태로 소비가 위축되고 경기가 침체한 상황이었다. 그럼에도 단속은 강행됐다. 중구청 직원과 용역 인력 50여 명이 지게차 5대를 동원해 마차 20여 대를 파손하고 4대를 압수했다. 이는 상인들에게 생계를 이어 가는 유일한 수단이었다. 황학동 중앙시장 인근 노점상 다수는 고령으로 노동 능력이 제한된 이들이었다. 청계천 일대에서 장사하며 생계를 꾸려 온 사람들이었지만, 도시 '디자인화' 사업은 이들에게 작은 영업 공간도 허용하지 않았다.

2024년 12월, 이 일대에서 장사하는 양춘석 씨를 다시 만났다. 그는 1980년대부터 동대문운동장과 그 주변의 변화를 지켜본 인물이다. 당시 단속을 떠올리며 이렇게 말했다.

> 2014년 동대문디자인플라자 완공 몇 달 전, 서울시 중구청이 일대 노점상을 모두 부숴버렸습니다. 단속이 아니라 마차를 그대로 파손한 겁니다. 상인들은 차량 위로 올라가고, 어떤 이는 차 밑으로 들어가 막았습니다. 평소 조용하던 이웃이 어디서 그런 힘이 나왔는지 모르겠습니다. 저도 놀랐습니다. 구청은 상가의 민원 때문에 단속할 수밖에 없다고 했습니다. 하지만 이 일대는 오래전부터 노점이든 상가든 점포 밖에 물건을 내놓고 장사해 온 곳입니다. 특히 평화시장 주변은 더 그렇습니다. 시장이라는 곳이 대개 그렇지 않습니까.

그의 말대로 점포 앞 적치 행위가 문제라면 일반 상가도 동일한 기준으로 단속해야 한다는 논리가 성립한다. 오랫동안 이 지역에서는 노점과 상가가 일정한 합의 속에 자율적으로 질서를 유지해 왔다. 그럼에도 구청은 동대문디자인플라자 인근 노점을 우선 정비 대상으로 삼

하루 벌어 하루 먹고사는 노점상의 운명. 故 조병호의 장례식, 2014년

앉다. 아마도 상징 공간 앞에 펼쳐진 좌판이 눈에 거슬렸을 것이다. 도시 미관과 관리라는 행정 논리가 현장의 관행과 충돌한 지점이었다.

　이탈로 칼비노의 소설 『보이지 않는 도시들』은 실재하지 않는 도시들을 통해 우리가 사는 도시와 일상의 본질을 되묻는다. 그는 도시의 본질이 랜드마크나 거대한 건축물에만 있지 않다고 말한다. 골목, 계단, 광장처럼 매일 스쳐 지나는 공간, 그곳에서 쌓이는 기억과 관계, 사소한 사건이 도시를 이룬다는 것이다. 도시는 물리적 구조물이 아니라, 그 안에서 살아가는 사람들의 기억과 욕망, 기호, 관계, 그리고 보이지 않는 상징과 의미가 겹겹이 축적된 결과다. 우리가 경험하는 일상의 풍경이 곧 도시의 가치라는 관점이다.[89]

그동안 청계천이라는 공간에서 만난 노점상과 철거민의 사연은 기록되지 못한 채 사라져 왔다. 그러나 그들이 겪은 좌절과 기대, 생계의 분투와 연대의 기억은 도시를 바꾸는 힘으로 축적된다. 단속을 겪을 때마다 "누군가 내 편이 되어 주면 그렇게 고마울 수 없다"라고 말하던 양춘석 씨는 이제 노년이 되었다. 1980년대부터 40여 년간 같은 자리에서 장사해 온 그의 삶은 청계천이라는 공간의 시간과 겹친다. 한 사람의 생애가 곧 한 도시의 역사라는 말은, 이 경우 비유에 그치지 않는다. 양춘석 씨가 곧 청계천이다.

---

89 이탈로 칼비노, 『보이지 않는 도시들』, 이현경 옮김, 민음사, 2007, 〈2025 갤러리 브레송 기획전 3: 보이지 않는 도시들〉에서 재인용.

8장

1. 청계천 · 을지로 젠트리피케이션

청파동 사무실에서 자전거를 타고 서대문을 거쳐 광화
문 방면으로 달린다. 미처 광화문에 닿기 전 씨네큐브에
들러 영화를 보곤 했다. 자전거는 인간이 만든 가장 친
환경적인 발명품 가운데 하나다. 이동 수단이면서 운동
기구 역할도 한다. 건강과 환경을 함께 지킬 수 있다는
점에서 효용이 크다.

요즘 자전거 상태가 좋지 않다. 브레이크가 느슨해졌
고, 타이어는 닳아 공기가 빠지며 덜컹거린다. 이럴 때
면 청계천에서 자전거 수리를 하던 양연수 씨를 찾았다.
서로 안 지는 40년 가까이 되었지만, 말이 많은 사이는
아니었다. 그는 한때 전국 노점상 단체 설립에 관여했
고, 이후 청계천에서 자전거포를 운영했다. 그러나 지금
은 고령으로 요양원에 머물고 있다. 자전거를 고치려면
다른 수리점을 찾아야 한다.

청계천은 자전거 타기 좋은 곳이다. 서울 도심 한복
판에 이처럼 긴 자전거길이 이어진 점은 의미가 있다.
한강 변 자전거도로도 마찬가지다. 중랑천, 탄천 일대와

오르막이 있는 남산, 북악스카이웨이는 자전거 이용자들이 즐겨 찾는 구간이다. 오래전부터 이동의 상당 부분을 자전거에 의지했다. 서울, 특히 사대문 안과 강북의 골목길은 대부분 달려 보았다. 출퇴근길에 탁 트인 공간을 지나며 운동과 이동을 함께 해결한다. 신체 건강뿐 아니라 정신적 환기에도 도움이 된다.

청계천과 을지로 일대는 거의 매일 자전거로 둘러본다. 이곳은 한때 이른바 '산업 생산 벨트'를 이루며 촘촘한 협업 구조를 형성한 공간이었다. 부품 제작, 가공, 조립, 유통이 한 구역 안에서 연결됐다. 말로만 듣던 '유기적 망'을 현장에서 확인할 수 있었다. 후발 자본주의 국가들이 모방과 개량을 거쳐 시제품을 만들고, 이를 내수와 수출로 확장해 온 경로를 떠올리면, 한국에서는 청계천 일대가 그 출발점 구실을 했다고 해도 과장이 아니다. 금형, 공구, 인쇄, 기계 부품 상가가 밀집한 을지로는 생산과 유통을 동시에 해결하는 근거지였다. '없는 것 빼고 다 있다'라는 말은 상징이 아니라 현장의 감각에 가까웠다. 상인과 기술자들은 자신을 근대화의 주체로 여겼고, 그 자부심도 분명했다. 그러나 어느 시점부터 분위기가 달라졌다. 시간이 흐르며 고층 건물이 들어섰고, 이를 변화와 발전으로 호명하는 담론이 힘을 얻었

다. 동시에 이 일대는 낙후되고 무질서한 공간으로 규정
되기 시작했다.

변화의 배경에는 개발 정책의 연속이 있었다. 2004년
2월 예지동 일대가 재개발 제4구역으로 통합됐고,
2006년 10월에는 세운상가 동·서 측을 포함한 세운재
정비촉진지구가 지정됐다. 청계천·을지로 일대가 본
격적인 재개발 구역으로 묶인 것이다. 2011년 시민단체
출신의 박원순 서울시장이 취임할 무렵, 부동산 경기가
침체했고 서울 전역에 1조 5,000억 원이 넘는 매몰 비
용 문제가 제기됐다. 서울시는 다수 뉴타운 지구를 해제
하고 도시재생을 내세웠다. 기조는 대화와 상생이었다.

이후 청계천·을지로는 청년 창업과 예술가의 창작
공간으로 재조명됐다. 언론, SNS, 유튜브 채널은 낙후
된 도심 산업 공간에서 새로운 가능성이 움튼다고 소개
했다. 독특한 분위기를 찾는 젊은 층이 유입됐고, 오래
되고 낡은 외관은 '레트로'와 '힙'이라는 문화 코드로 재
해석됐다. 산업 생산의 현장이 문화 소비의 공간으로 전
환되는 흐름이었다.

그러나 수난은 끝나지 않았다. 청계천 주변 을지로
일대가 이른바 '힙지로'로 부상하자 상권이 주목받았고,
땅값과 임대료가 빠르게 올라갔다. 개발 계획도 멈추지

않아, 장기간 터를 지켜 온 상인과 공장 노동자들은 다시 궁지에 몰렸다. 서울시는 세운상가 일대를 중심으로 도시재생을 추진하겠다고 밝혔지만, 현장에서는 상생이 체감되지 않는다는 비판이 이어졌다. 도시재생은 젠트리피케이션을 완화하고 원도심의 산업 생태계를 보존·회복하겠다는 취지였으나, 실제로는 제조 기반이 약화했다는 지적이 나왔다. 청계천과 을지로 일대에 기술 장인 약 2만 명과 사업체 7천여 곳이 밀집해 있었지만, 2018년 12월부터 세운 3-1·4·5구역에서 철거가 시작됐다.

상인·예술가·시민들은 재개발 중단과 함께 '제조산업문화특구' 지정을 요구했다. 이에 서울시는 2019년 1월 재개발을 일시 중단하고 재검토 방침을 밝혔으나, 3-1·4·5구역을 포함한 세운재정비촉진지구 내 공구상, 철물점, 공업사, 입정동 일대는 상당수가 철거됐다. 그 자리에 신규 건물이 들어섰다. 2018년 12월 시행사가 철거에 착수하자 지역사회의 반발이 본격화했다. 생존과 산업 기반을 지키려는 요구와 저항은 선택이 아닌 필수가 되었다.

청계천생존권사수비상대책위원회와 청계천을지로보존연대 등은 "청계천이 제2의 용산이 되어서는 안 된다"

파헤쳐진 을지로 공구상가, 2019년

라고 주장하며 재개발 반대 운동을 전개했다. 이들의 요
구로 서울시 조례에 근거한 사전협의체가 가동됐다. 과
거 동대문운동장 관련 협의 기구를 떠올리게 하는 대목
이다. 당시 박원순 서울시장은 갈등 조정과 협치를 시정
운영의 핵심 가치로 내세운 바 있다.[90] 그러나 결과를
보면 서울시와 중구청의 대응은 충분하지 않았다는 평
가가 뒤따랐다. 서울시는 뒤늦게 실태조사와 재정비촉
진계획 재수립을 위한 연구용역을 발주했지만, 현장과

---

90 "박원순 "갈등조정, 협치 경험자가 국가운영의 적임자다"", 경향신문, 2017.01.14.

폭넓게 의견을 나누기보다는 행정과 가까운 전문가 중심으로 대안을 마련하는 데 치중했다. 그 결과 정책 결정이 실제 현장에 미치는 영향은 제한적이었다. 재개발을 둘러싼 정보 비대칭을 해소하고, 이해관계자의 입장과 쟁점을 공개적으로 토론할 공론장이 필요했다는 요구 역시 충분히 제도화되지 못했다. 협치를 표방한 시정 기조와 달리, 청계천·을지로 일대의 갈등 구조는 근본적으로 해소되지 않았다.

이 일대 상인과 노동자들이 협업해 하나의 제품을 완성하는 과정을 들여다보면, 도시 산업의 생활사가 보인다. 처음 공구 골목을 찾는 이들은 길을 잃기 쉽다. 점포가 촘촘하고 품목이 세분돼 있어 어디에 무엇이 있는지 감이 잡히지 않는다. 그러나 상인과 기술자들은 경험으로 동선을 익혔다. 아침에 출근하면 필요한 자재를 사기 위해 여러 골목을 돈다. 어느 골목에서 망치, 톱, 펜치를 구하고, 그다음 어디에서 부속을 구할지 머릿속에 지도가 그려져 있다. 이렇게 발품을 팔아 동선과 시간대를 계산해 움직이고, 중간에 동종 업계 사람을 만나 커피를 마시며 동향을 살핀다. 그렇게 네트워크를 확인한 뒤 작업장으로 돌아와 공정에 집중한다. 완성품이나 반제품을 인근 다음 공정으로 넘기면 물류 시간이 줄고,

주문에 맞춰 신속하게 제작할 수 있다. 이 유통·제작의 중심에 청계 3가 교차로가 있다. 관수동·장사동·수표동·입정동 경계가 맞닿는 지점으로, 약 70년간 한국 공구 유통의 허브로 기능했다.

그러나 이 일대에 33층 건물을 짓는 '수표 도시재정비형 재개발사업'이 2024년 11월 서울시 정비사업 통합 심의를 통과하면서, 세운 5구역에 조성하려던 산업재생 거점과 산업 특화 골목 계획은 사실상 폐기되고 말았다. 서울시는 공공 임대상가와 공장 건립을 대안으로 제시했지만, 오랜 시간 축적된 집적 효과와 관계망을 행정적으로 재현할 수 있는지는 의문이다. 이곳은 인위적으로 설계된 공간이 아니라, 세월 속에서 형성된 유·무형 가치의 결절점이었다. 지금은 그 자리에 새로운 건물이 들어섰다.

2025년 5월 28일 오후 퇴근 무렵, 세운상가 인근이 연기로 뒤덮인 장면을 목격했다. 화재는 재개발 예정 구역의 낡은 건물에서 시작됐다. 114개 점포 가운데 약 40곳이 비어 있던 상태였다고 한다. 불은 을지로 방향 건물에서 발화해 인접 건물로 빠르게 번졌다. 현장에는 이미 소방차와 소방 인력이 출동해 통제선을 치고 진화 작업에 나섰다. 검은 연기는 12시간가량 이어졌다. 도심 한복판에서 발생한 화재는 공포 그 자체였다. 늦은 오후 불길이 잡힌 뒤 귀가해 뉴스를 확인했다. 보도에 따르면 인근 점포 74곳 가운데 48곳이 소실됐고, 70대 남성 1명이 연기를 흡입해 병원으로 이송됐다고 한다. 재개발과 철거, 이주와 갈등을 겪어 온 청계천·을지로 일대에 또 하나의 상처가 더해진 셈이다. 반복되는 개발과 사고는 이 지역의 시간을 끊임없이 단절시키고 있다.

2. 제조산업문화특구 지정이 필요한 이유

청계천을지로보존연대는 이 일대 산업생태계를 연구해 그 특징을 여섯 가지로 서술한다.[91] 첫 번째는 근거리에서 부자재 및 공구 구입이 가능하고, 이와 동시에 청계천·을지로에서 만들어진 물품들을 유통할 수 있는 구조도 있다는 점이다. 따라서 신속하고 저렴한 제조가 가능하다. 두 번째 특징은 수리업이다. 청계천 지역에서 유통, 제조, 수리를 겸업하는 점포가 20퍼센트 이상을 차지한다. 이들은 각종 의료기기, 화학공학 실험기기, 카메라, 인쇄기기, 미싱기기, 금속 세공 기기를 수리하

---

91 박은선, "[세운재개발, 무너지는 도시생태 ⑬] 청계천 산업생태계 사라지면 이런 것까지 잃는다", 오마이뉴스, 2020.03.03.

제조산업문화특구 조성을 주장하는 상인들, 2019년

는 서비스를 제공한다. 만약 이들이 사라진다면 도심산
업에 차질이 생길 뿐만 아니라 각종 대학과 연구소의 연
구 역량에도 악영향을 끼칠 것이다.

　세 번째는 노동자의 숙련도다. 청계천을지로보존연대
가 실시한 실태조사에 따르면 상인들이 청계천에서 일
한 경력이 평균 33년으로 나타났다. 이런 정도의 숙련
노동자가 1만 명 이상이 집적된 장소는 세계적으로도
드물다. 한 서울시 관계자는 상인들이 고령화됐으니 공
장을 그만둘 때가 되었다고 말했다. 그런데 나이가 든
만큼 노하우도 가지고 있다는 사실을 잊어서는 안 되며,

오히려 숙련노동을 어떻게 전수할 것인가에 대한 깊은 고민이 필요하다. 넷째, 긴밀한 협력체계다. 청계천·을지로 산업생태계에서 가장 중요하고 특이한 부분은 바로 협력이다. 청계천·을지로에는 다양한 기술을 가진 노동자들이 있으며, 같은 기계를 써도 특화된 기술이 다르다. 노동자들은 서로 의논하면서 작업하며, 주변 상인들에게 일을 나눠주는 중간 매니저 역할도 수행한다. 이러한 수평적 협력 관계는 대기업 중심의 상하 구조로 창의력을 잃어가고 있는 우리나라 산업구조를 극복하기 위한 사례로 집중 연구가 필요하다.[92]

다섯 번째, 다양한 기술을 보유한 공장과 부자재 유통이 한 지역에 밀집되어 있어 빠른 생산이 가능하고 저렴하게 제조할 수 있다. 여섯 번째, 청계천과 을지로에서는 대형 공장과 다르게 단 한 개의 기계나 제품도 맞춤형으로 만들 수 있다. 점포의 규모가 작으므로 오히려 맞춤 생산이 가능하다. 의료기계나 각종 생화학·공학 실험기계, 예술가들의 창작품은 보통 한두 개 혹은 100개 미만이 필요한 경우가 많다. 다품종 소량 생산해

---

92   장웅성, 「상생형 제조혁신 플랫폼을 통한 새로운 산업기술 발전방안」, 『KIET 산업경제』, 2017년 11월호. 위 기사에서 재인용.

야 하는 전문업에 청계천·을지로의 제조업 플랫폼이 필수적이다. 또한, 장인들이 권위적이지 않고 새로운 것에 열려있어 고객의 의중대로 유연한 맞춤 제작이 가능하다.

마지막으로 청계천의 도시 조직과 형태다. 청계천·을지로는 제조업 클러스터인 동시에, 조선 후기 골목 구조가 가장 잘 남아 있는 곳이다. 다양한 모양의 필지와 골목은 공업사들과 공구상들이 서로 필요한 것들을 주고받는 커다란 하나의 제조업 플랫폼이다. 특히 청계천·을지로 골목의 기능이 가든파이브와 같은 아파트형 공장과 가장 다른 점이라고 볼 수 있다. 청계천·을지로에서 골목은 유통로이자, 상인 간 만남의 장소인 동시에 작업공간이다. 가게는 협소하지만, 골목을 이용해 가게 폭보다 넓은 크기의 물건도 만들 수 있으며, 크고 무거운 부자재도 가게 바로 앞에서 하루에 몇 번이나 싣고 내릴 수 있는 유통의 혈관으로 작용한다. 서울시가 마련하는 대안에 청계천·을지로 골목에 대한 이러한 특수성과 지리적 특징이 잘 반영되지 않는다면 과거 재개발 대책이었던 장지동 가든파이브 사례처럼 실패할 수밖에 없다.

청계천을지로보존연대 활동가들은 집회와 토론회,

기자회견 등 다양한 방식으로 재개발에 반대해 왔다. 2022년 말, 을지로19길 세운 대림상가 앞에도 사람들이 모였다. 청계천·을지로 공구상가 일대 상인과 노동자, 예술가, 연대 단체 구성원들이었다. 이들은 재개발을 중단하고 지역을 제조산업문화특화지구로 전환하라고 요구했다. 주요 요구 가운데 하나는 세입자에 대한 명도소송 중단과 실질적 생계 대책 마련이었다. 재개발 구역에서 건물주나 시행사가 제기하는 명도소송은 세입자를 법적·경제적으로 압박하는 수단이 된다. 현행 상가건물 임대차보호법은 계약갱신요구권과 권리금 회수 기회 보호 등을 규정하고 있으나, 재개발 상황에서 장기 영업권과 생계 기반을 충분히 보장하는 데 한계가 있다는 지적이 이어져 왔다. 이에 공공이 개입해 '세입자 보호 협약서'를 체결하고, 이주·재정착 대책을 제도화해야 한다는 주장도 제기됐다. 집회 참가자들은 도시를 하나의 생태계에 비유했다. 자연생태계를 무시하면 균형이 무너지는 것처럼, 도시에서도 산업과 노동, 거주와 문화가 공존하는 구조를 존중해야 한다는 논지였다.

집회 참가자들은 자신들의 요구가 과도하지 않다고 보았다. 상당수는 서울시가 의지만 있다면 수용할 수 있는 사안이라는 주장이다. 연설에 나선 한 발언자는 윤석

노무라 모토유키(가운데)와 청계천을지로보존연대 활동가들, 2019년

열 정부가 최근 주택·부동산 규제를 완화하는 절차를 밟고 있다고 언급했다. 그동안 개발 중심 정책이 시민의 삶에 어떤 영향을 미쳤는지 경험했음에도, 다시 공급 확대를 통한 경기 부양 기조로 회귀하고 있다는 비판이었다. 그는 이러한 정책이 청계천·을지로 일대의 투기 수요를 자극해, 노동의 대가가 아닌 매매 차익을 노린 불로소득을 확대하는 구조로 이어진다고 지적했다. 이날 집회를 통해 개별 상인의 생계 문제를 넘어, 부동산 소유의 집중과 주거·상업 공간의 상품화라는 구조적 문제로 논의가 확장됐다.

결국, 요구는 개발의 상흔을 치유하고, 산업과 노동,

거주가 공존하는 도시 구조로 전환하자는 데 모였다. 모두의 삶을 보장하는 방향으로 역량을 재배치해야 한다는 문제 제기였다. 그러나 정책 기조와 시장 흐름을 고려하면, 그 간극은 여전히 크다.

3. 을지OB베어에 모이는 사람들

서민의 일상에는 퇴근 뒤 동료와 생맥주 한잔을 나누는 소박한 즐거움이 있다. 코로나19로 묶였던 영업 제한이 완화되자 사람들은 다시 을지로 노가리 골목으로 몰려들었다. 오랜만의 활기가 골목을 채웠다.

그러나 모두에게 같은 계절은 아니었다. 을지로 노가리 골목에 자리한 을지OB베어 앞에는 2022년 4월 21일 새벽 3시 무렵 긴장이 감돌았다. 인근 업소 만선호프 측이 고용한 용역 인력 약 70명이 들이닥쳤다. 여섯 평 남짓한 가게에 대한 강제집행이었다. 이들은 문이 열리자마자 내부로 진입해 사람을 끌어내고 집기를 반출했다. 가게를 운영하던 강호신 씨는 주차장 셔터를 붙잡고 저항했으나 도로로 밀려났다. 42년간 자리를 지켜온 터전이었고, 여섯 번째 강제집행 끝에 결국 문을 닫게 됐다. 오랜 세월 축적된 장소의 기억과 생업의 기반은 그렇게 새벽 어스름 속에서 허물어졌다.

밀려난 백년가게 을지OB베어, 2021년

　1980년 문을 연 을지OB베어는 노가리와 맥주를 내
세운 소규모 호프집이었다. OB맥주의 전신인 동양맥주
가 모집한 프랜차이즈 1호점으로 출발했지만, 처음부터
붐비지는 않았다. 인근 상인과 공장 노동자들이 퇴근 뒤
들러 맥주 한잔을 나누는 공간으로 자리 잡으며 서서히
입소문이 퍼졌다. 2015년에는 노가리 골목 형성에 이바
지한 점을 인정받아 '서울미래유산'으로 지정됐다. 서울
미래유산은 법정 문화재는 아니지만, 근현대 유산 가운
데 미래 세대에 전할 가치가 있는 유·무형 자산을 보존

하자는 취지로 2013년 서울특별시가 도입한 제도다. 청계천을지로보존연대 안근철 활동가는 제도의 취지를 설명하며, 현장에서는 홍보 수단에 머무는 경우가 적지 않다고 지적했다. 시민의 기억과 감성이 축적된 공간을 실질적으로 지키는 장치로 작동하지 못한다는 비판이다. 많은 이의 사랑을 받아 온 공간이 사라지는 현실에 안타까워하기도 했다.

이후 이 가게는 2018년 호프집으로는 처음으로 중소벤처기업부가 선정하는 '백년가게'에 이름을 올렸다. 오랜 사업 경력과 전통을 인정받은 셈이다. 그러나 그 무렵부터 상황은 달라졌다. 매출이 늘고 인지도가 높아진 일이, 세입자에게는 오히려 부담으로 돌아왔다.

강제집행을 주도한 만선호프가 골목에 본격적으로 등장한 것은 2014년 무렵이다. 이른바 힙지로 열풍으로 을지로가 주목받자, 기존 상인과 노동자가 찾던 노가리 골목에 젊은 층이 유입됐다. 만선호프는 인근 공구상가 약 10곳을 정리하며 매장을 확장했다. 일대가 대규모 상권으로 변하자 서울 중구청은 조례를 개정해 해당 구역을 '지역 활성화 사업 구역'으로 지정했고, 도로점용료를 부과하는 조건으로 노상 영업을 허용했다. 유동 인구가 늘면서 매출도 급증했다. 이후 만선호프는 2022년

부서진 서울미래유산, 2022년

을지OB베어가 입주한 건물의 지분 약 3분의 2를 매입했다. 임대차 계약 연장 문제를 둘러싸고 갈등이 격화됐고, 건물주는 명도소송을 제기했다. 소송에서 패소한 뒤 여러 차례 강제집행이 시도됐다. 그때마다 상인과 시민 연대자들이 현장에 모여 저지에 나섰다.

결국 2022년 4월 21일 새벽, 가게 안에서 잠을 자고 있던 3대 사장과 연대자 2명이 있는 상태에서 용역 인력이 투입돼 강제 철거가 이뤄졌다. 집행 과정에서 물리적 충돌이 발생했고, 일부는 실신해 병원으로 이송됐다.

만선호프 측은 법원의 집행권원에 따른 절차였으며, 사인 간 임대차 분쟁에 불과하다고 밝혔다. 그러나 집행 과정에서 과도한 물리력이 행사됐다면, 이는 별도의 위법성 판단 대상이 된다. 강제집행은 법원의 결정에 근거하더라도, 집행 방식이 적법해야 효력이 인정된다. 결국, 쟁점은 '합법'의 형식과 집행의 정당성 사이에 있다. 법적 절차를 따랐다는 주장과 폭력적 집행이라는 비판이 충돌하며 사회적 판단을 요구하는 사안으로 남았다.

하루아침에 터전을 잃은 을지OB베어 앞에는 분노와 연대의 마음을 지닌 이들이 모였다. 가게만이 아니라 사람의 존엄까지 훼손됐다는 문제의식 때문이었다. 이들은 노가리 골목의 원조 가게를 밀어내고 11번째 만선호프 간판을 다는 데 반대하며, '만선 골목'이 아닌 '을지로 노가리 골목'을 지키자고 외쳤다. 연대의 면면도 다양했다. 과거 궁중족발 강제집행 사태와 노량진수산시장 상인 갈등 등 도시 재개발 과정에서 인권과 생존권 문제에 함께해 온 이들도 있었다. 밤이 되면 사람들은 다시 골목으로 모였다. 음악인들은 자발적으로 공연과 문화제를 열었고, 옥바라지선교센터를 중심으로 한 종교인들은 예배를 드렸다. 누군가는 현수막과 피켓을 들고 눈비 속에서도 자리를 지켰다. 각자의 재능과 시간을 보태는 방식이었다.

누가 지시하지 않아도 소식은 SNS를 통해 퍼져 나갔
다. "을지로 노가리 골목을 찾아주시는 시민 여러분, 을
지OB베어를 지키고자 하는 시민들이 준비한 시간을 즐
겁게 즐겨주세요. 그리고 잊지 말아 주세요. 함께 이 골
목을 지켜요!"라는 호소가 이어졌다.

독일 뮌헨의 테레지엔비제에서는 1810년부터 매년
맥주 축제 옥토버페스트가 열린다. 지역 양조장과 전통
을 기반으로 성장한 이 축제는 도시의 상징이 되었고,
세계 각지에서 관광객을 끌어모은다. 오랜 가게와 문화
를 지키려는 축적의 시간이 오늘의 브랜드를 만들었다
는 평가를 받는다. 반면 청계천·을지로 일대는 형성되
던 생활문화가 개발의 흐름 속에서 지속되지 못했다. 당
시 사장이던 강호신 씨는 건물주인 만선호프 측과 끊임
없이 대화를 시도했다. 상생의 해법을 찾을 수 있다고
믿었기 때문이다. 을지OB베어는 자연스레 골목의 커뮤
니티 거점이 되었고, 젊은 세대가 모이는 장소로 자리
잡았지만, 재개발의 흐름을 끝내 막지 못했다. "나침반
이 사라진 세상이라며 분통만 터뜨릴 것이 아니라, 지금
고통받는 이웃을 돌아보자"라는 유인물이 골목에 돌았
다. 작은 위로와 연대가 모이면 변화를 만들 수 있다는

호소였다. 가게를 지키려는 이들은 목이 쉬도록 외쳤다. 이웃의 상처를 외면하지 말아 달라고.

누군가 가게 앞에 붉은 장미 한 송이를 꽂아 두었다. 봄바람에 흔들리는 꽃은 마지막 인사처럼 보였다. 그러나 42년을 지켜 온 을지OB베어는 끝내 문을 닫았다. 오랜 노동이 밴 공구 거리의 낡은 간판, 단골들의 발걸음, 골목을 지탱해 온 시간의 결이 한순간에 사라졌다. 그 축적의 의미를 온전히 설명하거나 책임지는 주체는 보이지 않았다. 청계천·을지로 일대는 개발과 퇴거가 반복되는 공간이 되었다. 길고양이도 제 영역이 있고, 비둘기도 머무는 자리가 있다. 그러나 사람의 터전은 계약과 소유의 논리 앞에서 쉽게 밀려난다. 이 사건 이후 을지OB베어는 사라져 가는 한국의 '노포'를 상징하는 이름으로 남았다.

2022년 6월 퇴근길, 을지OB베어 근처에 있던 을지면옥으로 향했다. 오래된 냉면집으로 이름을 알린 곳인데, 철거를 앞두고 손님이 몰린다는 소식을 들었기 때문이다. 그러나 그날 가게 입구는 봉쇄돼 있었고, 펜스 너머로 간판만 보였다. 이 집 냉면은 차가운 육수 위에 뿌린 고춧가루가 인상적이었다. 나는 미식가는 아니지만, 평양냉면 특유의 담담하고 질긴 듯 끊기는 면발을 좋아

한다. 메밀 향이 은은히 올라오던 기억이 또렷하다.

음식의 맛은 장소와 분리되지 않는다. 어릴 적 어머니가 싸 준 김밥을 소풍 날 잔디밭에 앉아 먹던 기억처럼, 공간의 공기와 분위기가 맛을 완성한다. 오래된 노포에 앉아 먹는 한 그릇에는 시간의 결이 더해진다. 근처 공구상가 상인에게 이전 소식을 물었지만 모른다고 했다. 허탈한 마음으로 자전거를 타고 돌아왔다. 이후 을지면옥은 2024년 종로3가로 옮겨 다시 문을 열었다.

이웃 나라 일본에서는 오래된 가게를 '시니세老舗'라 부른다. 2024년 기준으로 창업 100년 이상 가게 4만 5,284곳, 200년 이상 1,813곳, 300년 이상 889곳, 500년 이상 47곳, 1,000년 이상이 11곳으로 집계된다. 야마나시현, 후지산 인근에는 705년에 창업한 료칸 게이운칸慶雲館이 있는데, 세계에서 가장 오래된 호텔로 기네스 세계 기록에 등재돼 있다.[93] 가업 승계와 지역 공동체의 지지가 결합해 명맥을 이어 온 사례로 거론된다. 한국의 상황은 다르다. 장기간 존속한 노포가 존재하긴 하지만, 재개발과 임대차 구조 속에서 안정적으로 세대

---

93   일본 제국데이터뱅크(帝国データバンク) https://www.tdb.co.jp/report/
economic/20250319-shinise2024-fukui/

를 잇기 어렵다. 전통과 신의가 개인의 의지에만 기대어 유지되기는 힘들다. 제도적 보호 장치와 도시 정책이 뒷받침되지 않으면, 다양성은 구호에 머문다.

2022년 7월 6일, 폭염 속에서 서울 중구청 정문 앞에 사람들이 모였다. 을지OB베어 사태 해결을 촉구하는 기자회견과 문화제가 열리는 날이었다. 참석자들은 "이 사태는 특정 업소와의 갈등을 넘어, 을지로 노가리 골목의 생태계를 허물고 그 가치를 독점한 상인과 이를 방치한 행정이 빚은 결과"라고 주장했다. 행정의 소극적 대응이 상황을 키웠다는 지적이다. 중구청 역시 원치 않은 결과였다고 밝혔다. 노가리 골목이 건전하게 운영되는지 점검하고, '지역 활성화 사업 구역' 지정이 특정 업소의 독점으로 이어졌다면 이를 조정했어야 한다는 비판이 뒤따랐다. 상생 구조를 만들었다면 골목의 명성은 더 확장될 수 있었고, 이른바 '백년가게'의 취지도 달리 실현됐을 것이라는 아쉬움이 나왔다. 또 다른 문제 제기도 이어졌다. 서울미래유산으로 지정된 점포에 대해 현행 「상가건물 임대차보호법」상 2회로 제한된 계약갱신요구권을 예외적으로 확대할 수는 없었는지, 제도 개선 가능성을 검토했어야 한다는 의견이었다.

2022년 11월 30일, 다시 을지OB베어를 찾았다. 봄에 시작한 농성이 겨울을 맞았다. 7개월이 지났지만, 연대의 흐름은 이어지고 있었다. 각계의 사람들이 자리를 지켰고, 익숙한 얼굴과 처음 보는 이들이 뒤섞였다. 이날도 밤 10시까지 집회가 이어졌다. 중간중간 음식을 나누고, 노래하고, 춤을 췄다. 종교가 없어도 함께 기도했고, 구호를 외쳤다. 봄바람이 지나고 더위와 장맛비가 왔으며, 잎이 떨어진 뒤 찬바람이 옷깃을 파고들었다. 계절이 몇 번 바뀌는 동안 자리는 유지됐다. 현장을 기록하던 한 다큐멘터리 작가는 "곧 기록을 마무리하려 했지만, 새로운 사건이 계속 발생해 다시 카메라를 들게 됐다"라고 말했다. 상황이 종결되지 않았기 때문이다. 연대에 선 이들은 서로의 무력감을 외면하지 않고 마주했다고 한다. 응어리를 토해내듯 움직였고, 그 시간을 끊지 않으려 애썼다.

골목의 위기는 다른 방향에서 다가왔다. 12월이 되자 개발을 알리는 현수막과 펜스가 곳곳에 들어섰다. 인산인해를 이루던 거리에서 사람들의 발길이 눈에 띄게 줄었다. 추위만이 이유는 아니었다. 만선호프와 을지OB베어 사이의 계약갱신요구권 분쟁을 넘어, 을지로 일대 재개발 계획이 노가리 골목 전반을 압박했다. 상권의 구조 자체가 흔들렸다. 골목은 의도하지 않은 방향으로 변해갔다. 2022년 겨울, 을지OB베어 측은 중구청 앞에서 피켓 시위와 문화제를 이어 갔다. 예배를 드리며 '골목 선언'을 발표했다. 과거 연탄불에 노가리를 굽고 맥주를 따르던 마음으로, 이곳이 무너지면 다른 공간도 버티기 어렵다는 인식 아래 새로운 장소에서 다시 시작하겠다고 밝혔다. 간판을 다시 올리고 싸움을 이어 갈 준비를 하겠다는 다짐이었다.

사회학자 마누엘 카스텔은 국가가 소비와 재생산을 둘러싼 도시 갈등에 깊이 개입하면서, 이전과 다른 형태의 도시 투쟁을 촉발했다고 분석했다. 그는 국가 권력이 도시 공간을 매개로 노동과 직접 맞닿게 되었고, 그 결과 새로운 반자본주의적 연대, 이른바 '도시사회운동'이 형성됐다고 본다.[94] 정책이 삶의 조건을 압박할 때 저항이 뒤따른다는 해석이다. 도시를 둘러싼 갈등은 표면적으로는 멈추거나 후퇴하는 듯 보일 수 있다. 그러나 그 과정에서 축적된 경험과 조직 역량은 다른 국면으로 옮겨 간다. 쿠바의 혁명가 체 게바라는 냉정한 현실 인식을 강조하면서도, 변화 가능성에 대한 확신을 놓지 않았다. 내일을 말한다는 것은 아직 오지 않은 시간을 가리

---

94   앤디 메리필드, 『매혹의 도시, 맑스주의를 만나다』, 2005, 279쪽에서 재인용.

키는 동시에, 바라는 삶이 실현될 수 있다는 기대를 포함한다는 뜻일 것이다. 각자의 자리에서 형성된 힘이 흩어지지 않고 이어지기를 바라는 마음이 남는다. 불가능해 보이는 꿈 하나를 품은 채 시간을 건너는 일도 그 연장선에 있다.

2024년 4월, 다시 그곳을 찾았다. 을지OB베어는 을지로3가역 인근으로 자리를 옮겨 영업을 이어 가고 있었다. 매장은 이전보다 넓어졌고, 메뉴도 한층 다양해졌다. 청계천을지로보존연대 활동가들과 중구에 있는 우래옥에서 점심을 함께했다. 식사하며 청계천과 을지로 일대의 최근 상황을 들었다. 재개발 구역의 변화와 남아 있는 상인들의 근황이 화제에 올랐다. 자전거를 타고 돌아오는 길, 이어폰으로 음악을 들었다. 청계천 위로 봄 햇살이 번졌고, 나무들은 이미 초록빛을 입고 있었다. 계절은 어김없이 바뀌고 있었다. 이제 다가올 여름에 맞설 차례.

9장 　　　 다시, 청계천[95]

세상에 변하지 않는 것이 있을까. 사람의 삶이 그러하듯 도시도 끊임없이 바뀐다. 도시는 생물은 아니지만, 성장과 쇠퇴의 흐름 속에서 구조와 기능을 달리해 왔다고 볼 수 있다. 용도를 잃은 공간은 사라지기도 한다. 그렇다고 모든 것이 무로 돌아가는 것은 아니다. 서울을 '소멸'의 관점에서만 본다면, 기원전 18년 백제가 한성에 도읍을 정한 이후 이어진 시간을 설명하기 어렵다. 현재의 송파·강동 일대에서 출발해 여러 왕조와 근현대를 거치며 축적된 시간은 단절이 아니라 변형과 재구성의 연속이었다.

20여 년 전 완공된 청계천 복원 사업 역시 그런 맥락에서 평가할 수 있다. 당시 서울시장이던 이명박의 주도로 추진된 사업은 도심 교통 구조와 하천 환경을 전면적으로 바꿨다. 사업의 성과는 단순히 경관 개선 여부를 넘어, 도시 구조 개편이라는 목표에 부합했는지, 장기적

95　이 장은 최인기, 「상인, 노점상, 철거민들의 생존권은 해결되었는가?」, 「서울시 청계천 사업 평가 토론회 자료집」, 올바른청계천복원을위한연대회의, 2005를 수정 보완한 것이다.

도시 문제 해결에 어떤 기여를 했는지에 따라 가늠할 수 있다. 서울의 변화는 앞으로도 이어질 것이다. 어느 방향으로 수렴할지, 그 선택의 과정이 도시의 다음 장면을 만들게 된다.

1. 추진 체계와 절차의 문제

청계천복원추진본부

청계천 복원 사업을 평가하려면, 우선 추진 체계를 살필 필요가 있다. 당시 서울시는 사업 착수와 동시에 전담 기구를 구성했다. 서울시는 2002년 7월 2일 시장 취임과 동시에 청계천복원추진본부를 출범시켰다. 본부는 행정2부시장 산하에 두었고, 1본부 2반 체계로 운영했다. 본부장은 1급 상당 예우를 받는 자리로 두었으며, 분야별 대책단장은 관련 실·국장이 겸직하도록 했다. 한시 조직이 아니라 정규 조직화 방침을 세워 인력을 보강하고 증원 운영했다.[96] 청계천복원추진본부는 기획과 조정뿐 아니라 설계, 보상, 철거, 공사 관리 등 사업 전반을 맡았다. 실제 집행을 전담하는 구조였다.

이어 2002년 7월 1일, 서울시정개발연구원 내에 청계

---

96   서울특별시 홍보기획관 홍보담당관 편, 『청계천복원사업 백서』, 서울시, 2006, 99쪽.

황학동 벼룩시장

천복원연구지원단을 발족했다. 연구지원단은 복원 사업
의 기초 자료를 축적하고, 기본 구상을 마련하는 역할을
맡았다. 사업 추진에 필요한 정책 대안과 기술적 검토를
담당했다. 같은 해 9월 12일에는 조례를 제정해 청계천
복원시민위원회를 구성했다. 시민 의견을 수렴하고, 복
원 계획에 대한 자문 기능을 수행하도록 한 기구였다.
이처럼 추진본부, 연구지원단, 시민위원회로 이어지는
구조를 이른바 '삼각체계'라 불렀다. 이를 기반으로 청계
천 복원 사업이 진행됐다.

한편, 청계천 복원 공사 기간 노점상 문제는 청계천
복원추진본부가 직접 담당하지 않았다. 서울시 시설관
리공단의 청계천 관련 자료에 따르면, 서울시는 복원 공
사 구간을 기존 도로 폭 이내로 한정하고 주변 건물을
철거하지 않는다는 점을 기본 전제로 삼았다. 이에 따라
현행법률상 보상이 어렵다는 입장을 정리했다. 또한, 노
점상 대책을 청계천복원추진본부가 맡을 경우, 노점상
이 복원 사업의 이해당사자로 인정되어 사업 추진 자체
에 부담이 될 수 있다고 판단했다. 이에 노점 정비 업무
는 건설기획국에서 기존의 일상적인 노점 정비 업무로
처리하도록 하는 전략을 세웠다.

감시의 기능을 상실한 서울시의회

2002년 8월에는 서울시의회 내에 청계천복원특별위원
회가 구성됐다. 이 기구는 시의회 차원에서 청계천 복원
사업과 관련한 논의와 의결을 담당했다. 사업의 타당성
조사, 기본계획 수립, 시민 의견 수렴, 설계와 공사 진
행 등 전반을 다루는 역할이었다. 위원회는 전체 12명
으로 구성됐고, 당시 다수당이던 한나라당 소속 의원이
11명이었으며, 총 13차례 회의를 열었다. 의견 제출, 조
사, 검사, 승인 등 권한을 통해 사업을 감시하고 방향을

조정할 수 있는 위치에 있었지만, 실제로는 복원 공사가 착공돼 완료될 때까지 서울시 정책에 대한 견제 기능을 충분히 수행하지 못했다.

당시 예산 처리 과정을 보면, 2002년 10월 12일 제2차 회의에서 청계천복원추진본부장이던 양윤재 부시장은 전체 사업비를 약 3,600억 원으로 보고했다. 이 규모로 복원 사업을 마무리하겠다는 계획이었다. 그러나 청계천 복원 공사는 발주자가 설계와 시공을 일괄로 맡기는 '턴키' 방식과, 설계와 공사를 병행하며 수시로 계획을 조정하는 '패스트트랙' 방식으로 추진됐다. 사업 내용과 변경 사항에 대한 정보는 주로 서울시 내부와 시의회에 집중됐고, 외부에서 전체 흐름을 파악하기는 쉽지 않았다.

2003년 3월 29일 보고에서는 사업비가 4,200억 원으로 수정됐다. 이어 같은 해 상반기 추가경정예산 편성 과정에서 총 5,400억 원으로 늘어났다. '여건 변동에 따른 설계 변경'에 따른 소요 예산 증가분을 반영했다는 이유였다. 결과적으로 당초 보고액보다 약 1,000억 원 이상 증액됐다. 이 과정에서 한나라당 소속 시의원들은 별다른 이견 제기 없이 예산안을 통과시켰다.

들러리가 된 청계천복원시민위원회

위원회명	형성 계기	성격
청계천복원시민위원회	사업추진에 대한 전문성 및 시민 의견 수렴기능 보완 필요성	복원사업과 관련한 심의의 결기구로 조사 및 연구 관련 이익단체 시민 의견 수렴 및 홍보 활동
청계천지역주민상인협의회	대책위 중심의 청계천 상인들의 반발	복원사업과 관련한 주요의사결정 및 민원사항 처리
청계천역사복원관련전문가 자문회의	문화재복원 관련 시민위원회의 반발	문화재 관련 복원 공사에 대한 전문가들의 자문기구
청계천문화재보전전문가위원회	문화재복원 방침 결정에 대해 시민위와 청계천연대가 반발	문화재 복원사업과 관련한 주요 정책 결정
문화재청 소위원회	전문가위의 결정에 대해 시민위와 청계천연대가 반발	

[표1] 청계천 복원 사업 관련 위원회와 성격97

청계천복원시민위원회는 26명 규모로 구성됐다. 역사·문화, 자연환경, 건설·안전, 교통, 도시계획, 시민의견 등 분과를 두어 분야별로 의견을 수렴했다.98 하천정비를 넘어 도시 구조 전반을 다루는 복합 사업이었던만큼 다양한 분야의 자문을 받는 구조였다. 청계천 복원은 단순한 하천 공사가 아니라 상권, 교통, 환경, 문화

---

97 성지은, 「청계천 복원사업의 갈등관리 전략 분석」, 『한국사회와행정연구』 15권 4호, 2005.

98 전우용 외, 『청계천박물관』, 청계천박물관, 2015, 280쪽

에 영향을 미치는 사업이었다. 따라서 이해관계자 간 이견을 조율하고 복원 방향에 대한 사회적 합의를 형성하는 절차가 요구됐다. 그러나 구성 면에서 핵심 이해당사자인 상인과 주민이 자신의 문제를 직접 제기하고 논의에 참여하는 구조는 충분히 마련되지 않았다. 일부 시민단체가 여론을 대변했지만, 당사자 참여가 제도적으로 보장된 형태는 아니었다. 시민위원회가 지닌 구조적 한계가 드러나는 대목이다.[99]

형식적 기구에 머물지 않으려는 청계천복원시민위원회의 시도도 있었다. 2003년 2월 서울시가 청계천 기본계획 심의를 마치고 사업을 본격화하려는 과정에서, 시민위원회 일부 위원들이 계획의 타당성과 추진 속도에 문제를 제기했다. 이 과정에서 서울시와 시민위원회 사이에 긴장이 형성됐다. 당시 위원회 활동과 관련해 서울시가 무성의한 태도를 보였다는 비판도 나왔다. 2003년 9월, 민주노동당 소속 심재옥 시의원은 시의회 질의에서 청계천 복원 공사와 관련한 답변 태도를 문제 삼았다. 그에 따르면, 양윤재 당시 청계천복원추진본부장이

---

99   노수홍, 「제1기 청계천 복원 시민위원회의 역할」, 『서울시 청계천 사업 평가 토론회 자료집』, 올바른청계천복원을위한연대회의, 2005.

기본설계 심의를 위해 속초를 방문한 시민위원들을 두고 "온천 목욕이나 하러 간 사람들"이라고 발언해 논란이 됐다.[100]

2005년 11월 2일 시민단체가 주최한 '서울시 청계천 사업 평가 토론회'에서는 시민위원회의 활동을 두고 평가가 이뤄졌다. 토론회에서는 위원회가 '올바른 청계천 복원'을 위해 문제를 제기했지만, 구조적으로 사업 방향을 바꾸기에는 한계가 있었다는 지적이 제기됐다. 아래로부터 의견을 수렴한다는 취지로 출범했으나, 실제로는 복원 사업 추진에 절차적 정당성을 부여하는 장치로 기능했다는 비판도 나왔다. 시민사회와의 합의와 지지를 확보한 사업으로 보이게 하는 데 활용됐다는 문제 제기였다.

2. 모든 것을 쏟아부은 행정

청계천 치적 쌓기에 주력한 서울시

서울시는 초기 단계부터 '친환경 복원'과 '역사·문화 복원'이라는 의제를 전면에 내세워 사업의 정당성을 적극적으로 홍보했다. 환경 개선과 역사성 회복이라는 담론

---

100 "[홍성태의 잠망경] 청계천복원추진본부는 다시 꾸려야 한다", 참여연대, 2003.10.31.

을 결합해 복원의 필요성을 공론화하는 전략이었다. 이 과정에서 일부 언론과 문화계, 학계는 사업의 취지와 상징성을 강조하며 우호적인 평가를 내놓았다. 반면 영세 상인·노점상·철거민의 생계 요구는 집단이기주의나 과격한 저항으로 규정되는 경우가 있었다. 문제를 제기한 시민사회단체에 대해서도 대안 없이 반대만 한다는 식으로 몰아붙였다. 결과적으로 공론장은 환경과 문화라는 가치 중심으로 재편됐고, 생존권과 절차적 정당성을 둘러싼 문제 제기는 상대적으로 주변화됐다.

방송사	2003년 청계천 노점상 행정대집행 관련 보도	합 계
KBS	"노점상 철거 강행", 11.31. "숨바꼭질 영업", 12.02. "집회 후 과격 시위", 12.11.	3건
MBC	"노점 철거…충돌", 11.30. "밤새워 격렬저항", 11.30. "청계천엔 안된다", 11.30. "노점재개…또 긴장", 12.01. "다시 단속…충돌", 12.02. "또 충돌…아수라장", 12.03. '노점상 집회' 관련 단신, 12.11.	6건, 단신 1건
SBS	"강제철거…충돌", 11.30. '노점상 집회' 관련 단신, 12.11.	1건, 단신 1건
총계		10건, 단신 2건

[표2] 청계천 노점상 관련 보도 현황(2003년 11월 30일~12월 11일)[101]

101 이송지혜, 빈민생존권 문제에 관한 최근 언론보도의 문제점 토론자료, 2003.12.17.

서울시는 청계천 복원 사업과 관련해 대규모 여론 홍보를 병행했다. 2005년 10월 1일 열린 '새물맞이 축제' 홍보비로만 12억 원이 집행됐고, 2박 3일간의 행사 전체 예산은 33억 원에 가까웠다는 사실이 국정감사에서 드러났다.[102] 청계천 복원 사업 홍보에 서울시가 얼마나 열을 올렸는지 알 수 있는 대목이다.

혈세로 흐르는 청계천

2005년 '청계천 새물맞이 복원 기념행사'에서 서울시가 밝힌 바에 따르면, 자양취수장과 뚝도정수장에 모터펌프 4대와 대형 변압기를 가동해 물을 흘리기 때문에 1년에 8억 7,000여만 원의 전기료가 들고, 여기다 분수 20여 개와 조명도 밝혀야 하므로, 청계천 유지를 위한 관리비는 1년에 18억 원 정도라고 했다. 그러나 서울시의 '2006년 청계천 유지·관리 계획'에 따르면 각종 시설물과 용수 공급시설 관리, 재난 대비, 안전대책 등 무려 69억 6,000만 원이 소요되는 것으로 나타났다. 특히

---

102 "해외 광고를 비롯해 대교 현판, 포스터, 방송 생중계, 광고 제작 등에 모두 12억 9500여만 원이 지출됐다. 항목별로는 해외 광고에 3억 9,300만 원, 중계 및 일간지·잡지 광고 4억 2,000여만 원, 홍보탑(4개) 1,489만 원, 포스터 950만 원 등이다. 여기에는 또 대교 현판(20개), 배너기(1,500개), 리플렛(7만 개), 가이드맵(14만 개), 프로그램지(10만 개) 등의 비용도 포함된다." "국감서도 '말 많고 탈 많은 청계천'", 한겨레, 2005.10.07.

하루 12만 톤의 유지용수를 공급하기 위한 전력, 수도료와 조명, 전기료 등이 8억 2,470만 원, 토목 · 조경 시설 관리비가 7억 1,298만 원이었다.[103] 20년이 넘는 세월이 흐르는 동안 유지 · 관리하는 데 드는 비용은 더 늘었다. 2005년 10월부터 2020년 말까지 총 1,197억 원의 유지보수비가 사용됐는데, 이를 환산하며 연평균 약 74억 원 이상의 비용이 투입된 셈이다.[104]

이 밖에도 청계천 복원 공사는 시장의 선심성 공약으로 추진돼 임기 내에 서둘러 마무리한 선례로 지적됐다. 공사 완료 직후 24시간 가동돼야 하는 양수 시스템에서 사고가 발생해 안전 문제가 제기됐고, 유지 · 관리의 부담도 드러났다. 여름철 집중호우 이후에는 물길을 원상태로 복구하는 데 어려움이 따랐고, 열흘에 한 번꼴로 출입을 통제하는 상황도 발생했다. 악취와 녹조 문제 역시 현재까지도 지속해서 제기된다. 비가 내릴 때 빗물과 오수가 수문을 통해 청계천으로 유입되는 구조여서 악취가 발생한다는 분석이 나왔다.

103 "청계천, '혈세로 치장한 대형어항'", 뉴스타운, 2007.10.23.
104 "청계천, 유지보수비만 1년 74억원..열흘에 한번씩 문닫았다", 머니투데이, 2021.09.30.

3. 도시계획, 환경, 역사·문화적 문제

고층 고밀 개발로 인한 도시환경의 변화

청계천 복원 공사를 둘러싼 쟁점은 더 있다. 서울시는 2000년 「서울 도심부 관리 기본계획」을 수립하면서 사대문 안 역사·문화 공간을 보존하고, 서울 도심을 둘러싼 내사산의 조망권을 시민에게 개방한다는 원칙을 제시했다. 서울 도심은 서울의 사대문 안이라는 역사적 공간 구조와 북악산·낙산·남산·인왕산으로 이어지는 내사산 경관을 함께 지닌 곳이다. 이 계획에 따라 도심부 건축물의 최고 높이는 90미터 이하로 제한됐다.[105] 고도 제한을 통해 역사적 스카이라인을 유지하고, 자연 지형과 조화를 이루는 도시 경관을 확보하겠다는 취지였다.

그러나 이러한 원칙은 몇 년 주기로 변경됐다. 2004년 3월 서울시는 도심 재개발 5개 구역에 주거 기능을 확대할 경우, 건축물 높이를 135미터까지 허용하고 용적률을 950퍼센트까지 적용하는 내용의 계획 변경안을 발표했다. 기존 90미터 고도 제한 원칙과는 다른

---

105 "서울시, 도심부 층수·용적률 등 인센티브… 도시정비형 재개발 활성화 유도", 한국주택경제, 2022.12.01.

황학동에 세워진 롯데캐슬아파트, 2017년

방향이었다. 같은 해 9월에는 도심 재개발 예정지였던 세운상가 4구역 건축 설계안을 선정했다. 계획안에 따르면 연면적 9만 평, 용적률 720퍼센트 규모의 대형 쇼핑몰이 들어서고, 일부 건물은 최고 25층, 높이 90미터에 이르는 것으로 제시됐다.

2005년 2월에는 「도시 및 주거환경 기본계획」을 통해 도심 재개발 구역 내 주상복합 건축물에 대해 용적률 최대 1,000퍼센트, 높이 132미터까지 허용하는 방안을 추진했다. 삼각동·수하동 구역과 세운상가 구역을 포함한 도심 재개발 구역 전반에서 기준 높이에 20미터를 추가로 완화하고, 공공용지나 공개용지를 제공할 경우 높이 인센티브를 부여하는 내용이었다. 공공용지를 법정 기준 이상으로 확보하면, 정비구역 내 기존 건축물 최고 높이 범위 안에서 도시계획위원회 심의를 거쳐 결정하도록 했다. 청계천 복원 이후 도심 핵심 부지 약 11만 8,000여 평이 도시환경정비구역으로 편입돼 개발 대상으로 전환됐다. 서울시는 20년간 유지해 온 지구단위계획 규제를 조정하겠다고 밝히며 도시계획 관련 규제를 적극 발굴해 도시 경쟁력을 높이겠다는 입장을 보였다.[106] 이후에도 서울시는 시장이 교체될 때마다 도심 발전계획과 청계천 일대, 특히 세운상가 주변 관리계획을 반복적으로 수정해 왔다.

역사문화 복원은 제대로 되었나

청계천은 600년간 도성의 배수 기능을 담당해 온 공간이자, 도시 생활사의 흔적이 축적된 장소다. 청계천 복원 공사 과정에서 문화재 시굴 조사는 2003년 12월

---

106 이제선, 「청계천 및 주변부 관리계획적 측면에서 바라본 서울시 청계천복원사업 평가」, 「서울시 청계천 사업 평가 토론회 자료집」, 올바른청계천복원을위한연대회의, 2005.

11일부터 2004년 7월 1일까지 180일간 진행됐다. 대상은 광통교지, 수표교지, 하랑교지, 효경교지, 오간수문과 호안 석축 등이었다. 2003년 7월 21일 청계천복원시민위원회 산하 역사·문화 분과는 원형 복원을 본격적으로 요구하며 개발과 문화재 보존을 둘러싼 논쟁에 들어갔다. 발굴 결과에 비춰 볼 때, 당시 통수로 설계안은 확인된 유적을 충분히 반영하지 못해 보호가 어렵다는 판단이 제기됐다.

2004년 2월 서울시는 설계 심의를 다시 청계천복원시민위원회에 요청했다. 그러나 위원회가 심의를 거부하자, 같은 해 3월 11일 서울시는 '청계천 문화재 보존 전문가위원회'를 별도로 구성했다. 이 위원회는 광교에 대해 현 위치 보존이 바람직하다고 보면서도, 교통량을 고려해 상류로 이전 복원하기로 했다. 수표교와 오간수문은 공사 진행을 위해 해체 후 이전 보존하고, 구체적 복원 방침은 추후 정하기로 했다.[107]

이에 2004년 3월 5일 청계천복원시민위원회 역사·문화 분과장이었던 김영주와 간사 홍성태, 시민단체 대표 강내희·황평우 등은 이명박 시장과 양윤재 본부장

---

107   "청계천 보존자문총, '앞뒤 안맞는 결정'", 조선일보, 2004,04,06,

을 문화재 파괴 및 직무유기 혐의로 서울지검에 형사 고발했다. 한편, 같은 해 1월 12일 문화재 사적분과위원회는 광통교 및 교지, 수표교지, 오간수문지의 현상 변경과 관련해 상세 설계도를 작성해 심의를 거친 뒤 시행하도록 했다.

이후 문화재청은 발굴 조사 지점으로부터 10미터 이내 구간에서 물이 흐르는 통수로 공사를 중지하라는 행정명령을 내렸다. 이어 4월 9일 문화재청(현 국가유산청)은 광통교와 광통교지, 수표교지, 오간수문을 중요 문화재로 임시 지정했다. 4월 16일 문화재 사적분과위원회는 수표교와 오간수문을 원위치에 복원하고, 광통교는 상류로 이전해 복원하기로 의결했다.

그러나 당시 이명박 시장은 문화재 보존 논란과 관련해 "가치 없는 돌덩어리" 등의 막말로 거센 반발을 샀다.[108] 문화재를 둘러싼 갈등 국면에서 나온 이 발언은 행정 책임자의 인식 문제를 드러낸 사례다. 또한, 수표교 남측 교대에 대해서는 발굴 조사가 필요하다는 지적이 있었으나, 서울시는 부지 매입에 막대한 예산이 든다는 이유로 조사를 진행하지 않았다. 이 같은 상황이 반

---

108 "'청계천유적' 보기를 돌같이 하라?", 한겨레, 2004.03.10.

복되자 2004년 9월 16일, 청계천복원시민위원회에 참여했던 시민단체 대표와 학계 전문가들은 9월 18일 임기 만료를 앞두고 항의 성명을 발표했다. 성명에서 이명박 시장의 정책을 비판한 뒤, 위원 전원이 자진해 사퇴했다.

유적	처리 결과
모전교	청계천이 시작 지점에 자리 잡은 모전교는 원형을 완전히 무시한 다리가 되었다.
광통교	광통교는 제자리를 떠나버린 외로운 섬이 되어버렸다. 광통교 중건 공사 중에는 콘크리트 하수관로 때문에 몇백 년 전해온 바닥 돌을 무단으로 깎아버렸고, 서울시는 호된 질책을 맞고는 하수관로를 이동시켰다. 광통교는 조선시대 화강암 조각의 기법을 다양하게 연구하고 소개할 수 있는 문화유산임에도 불구하고 미술사적 가치는 상실되어 있다. 또한 조선시대 다리 공사의 토목 기법을 보여주지 못하고 있으며, 1800년경 확장된 광통교의 흔적을 살리지 못해 역사성마저 상실한 광통교가 되고 말았다. 발굴된 양 측면의 석축들은 이리저리 그라인더로 가공되었다.
반차도	콘크리트 옹벽에 부착한 '반차도'는 정조대왕이 수원화성으로 행차한 모습으로 원래 광통교 주변에 있어야 당시의 역사를 알 수 있으나 지금은 장통교 옆에 부착했다. 이것은 역사를 왜곡해서 인식할 수 있게 되는 것이다.
수표교	수표교는 문화재 위원회에서 "원위치에 둔다"라는 결정을 통보했지만, 서울시는 다른 공사를 2년에 마치면서 수표교의 안전성 검사를 핑계로 검토 결과를 공식적으로 보고하지 않았다. 수표교 남측의 교대(다리 벽) 매입에 몇백억이 든다는 '숫자 공포 주의'를 흘리며 제자리 찾기를 회피했다. 한편, 시장 한마디에 몇십억 원을 지출하며 청계천 다리의 디자인을 일방적으로 바꾸는 이율배반을 보인다.
오간수문	문화재위원회에서는 오간수문 주변에 발굴된 기초석을 후대에 도성을 중건하는 기준이 될 수 있기 때문에 원위치에 놓으라고 결정한다. 하지만 서울시는 이 결정을 따르지 않는다.

호안석축	호안 석축 1단을 저수로 바닥 원위치에 복원하게 하였으나 저수로 변의 조잡한 파석의 산석 쌓기로 공사를 마쳤다. 호안 유적의 양식대로 안전감과 접근성이 좋은 평축 축대로 쌓도록 요청했으나 받아들여지지 않았다.
기타	청계천의 사적으로 지정된 광통교 터, 수표교 터, 오간수문 터 주변 건물의 고도 제한을 완화해 달라고 요청했지만, 청계천 문화재 중건 사업을 감독해야 할 국가유산청은 고층 건물이 들어설 수 있도록 했다. 이 밖에도 중랑구 하수종말처리장 구석에는 600년 서울의 역사를 간직한 조선시대 최고의 다리 부재들이 오물과 잡초 속에 방치되었다.

[표3] 청계천 복원 후 주변 문화재 현황109

청계천은 친환경적인가?

조명래 단국대 교수는 "청계천은 자연을 위조해 만든 전형적인 인공조경하천이다. 복원의 진정성이 결여되었다는 뜻이다. 청계천 복원은 (…) 지금은 눈요깃거리가 된 조경하천의 스펙터클에 의해 가려져 있다. 청계천이 현재 요염한 자태로 관객의 눈을 즐겁게 해줄지 모르지만, 내면에는 스스로의 정체성, 즉 자연임을 거세당한 아픈 내력을 간직하고 있다"라고 평가했다.110

환경 문제에 관한 논란이 그러한 주장을 뒷받침한다.

---

109 황평우, 「역사와 문화를 정치 도구화하는 청계천 사업」, 『서울시 청계천 사업 평가 토론회 자료집』, 올바른청계천복원을위한연대회의, 2005.

110 조명래, 「자연을 거세한 청계천 복원」, 『서울시 청계천 사업 평가 토론회 자료집』, 올바른청계천복원을위한연대회의, 2005, 21쪽.

복원 이후 서울시는 청계천의 수질과 생태 환경이 개선돼 어류가 돌아왔다고 홍보했다. 그러나 일부 연구자와 시민단체는 특정 어종의 출현을 근거로 자연 회귀가 아닌 인위적 방류 가능성을 제기했다. 예컨대 섬진강 수계에 서식하는 갈겨니와, 산란 시 조개류를 필요로 하는 줄납자루·가시납지의 발견은 자연적 확산만으로 설명하기 어려운 일이었다. 이들 어종은 서식 조건이 제한적이어서 단기간에 자생적으로 유입됐다고 볼 수 없었다. 이에 따라 서울시가 생태 개선 효과를 부각하기 위해 외부에서 어류를 구입해 방류했을 가능성이 제기됐고, '자연 복원'이라는 홍보 내용의 사실 여부를 둘러싸고 논란이 이어졌다.[111]

청계천은 인공적으로 물을 공급하는 구조이고 느린 유속과 수질 부영양화 등으로 녹조가 발생하기도 한다. 전기 동력을 이용해 상류 지천의 물을 가둔 뒤 흘려보내는 방식으로 수량을 유지한다. 하천 구조물은 시멘트로 덧칠돼 있어 진정한 생태 기능을 구현했다고 보긴 어렵다. 무엇보다 서울에 사라진 자연의 생명을 되돌려내고, 묻힌 역사를 되찾아 도시의 정체성을 회복함으로써 시

111   ""청계천에 물고기 돌아왔다"더니 인공 방류 발각", 미디어오늘, 2010.05.23.

민들이 쾌적하면서도 주체적으로 살 수 있는 도시 실험
의 기회, 즉 '서울을 진정 서울답게 만들 기회'를 박탈당
한 데 따르는 비용이 가장 클 것이다. 그 비용은 모두 서
울 시민들이 떠안아야 할 과제인지도 모른다.[112]

청계천 복원은 준공 직후 '성공적 사업'이라고 평가받
았지만, 동시에 '친환경 하천'이 아니라 '뚜껑 없는 어항'
이라는 비난도 받았다. 다만 시간이 흐르면서 일정 부분
생태 환경이 개선됐다는 관찰도 있다. 지속적인 수질 관
리와 환경 정비를 통해 수생 생물의 서식 조건이 안정됐
다는 평가다. 2025년에는 2급수 이상 수질에서 서식하
는 것으로 알려진 쉬리가 관찰되는 등 다행히 생태계 건
강성이 회복되고 있다.

4. 사회적 약자를 외면한 공간

접근권과 이동권의 제약

서울시는 청계천 복원 사업이 시민의 삶의 질을 높이기
위한 정책인 동시에, 공사 기간 상당한 불편을 초래할
수 있는 대규모 개발 사업이라는 점을 인정했다. 그에
따라 사업의 필요성과 기대 효과에 대해 폭넓은 사회적

---

112 조명래, 위의 자료.

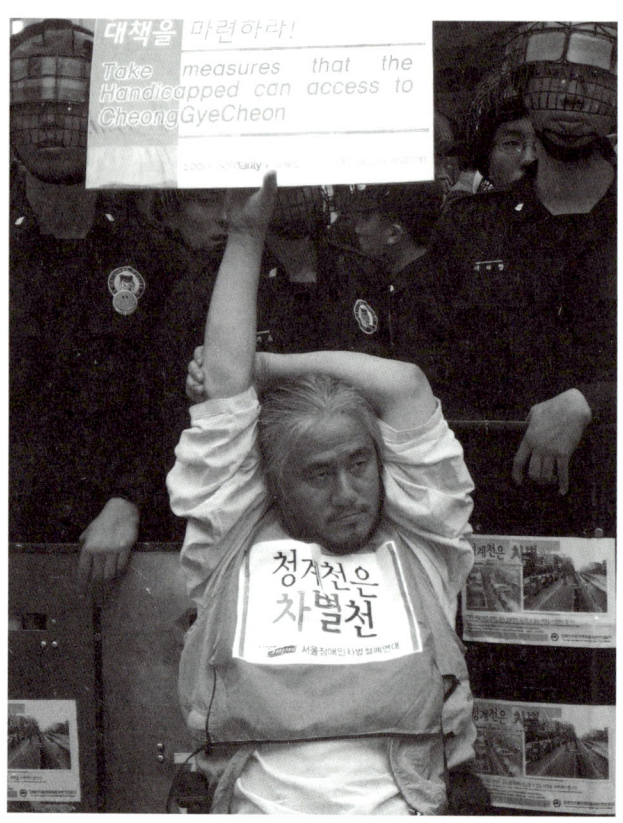

"청계천은 차별천", 2005년

합의가 요구된다고 밝혔다. 그러나 실제 추진 과정과 관련해 서울시는 사업 규모가 큰 만큼 이해당사자가 다양하고, 이해관계가 복잡하게 얽혀 있어 합의 도출이 쉽지 않았다고 정리했다.[113]

청계천은 도심 한가운데 위치해 접근성이 좋다는 점이 강조됐지만, 실제 이용 환경을 두고는 다른 평가도 나왔다. 보행 약자, 특히 장애인과 노약자가 누구나 안전하게 접근하고 이용할 수 있어야 한다는 원칙에 비춰 보면 한계가 있다는 지적이었다. 산책로로 내려가는 진입로가 충분하지 않았고, 마감재 사이의 틈과 울퉁불퉁한 바닥은 휠체어 이동에 불편을 초래했다. 경관 중심 설계가 결과적으로 접근권과 이동권을 제약한다는 비판이 제기됐다. 당시 장애인 이동권 운동이 활발히 전개되던 상황에서 일부 단체는 청계천을 '차별천'이라 부르며 항의와 농성을 벌이기도 했다.

총연장 약 5.8킬로미터에 이르는 산책로에는 공중화장실, 휴지통, 음수대 설치가 충분하지 않았다. 구조적 제약을 이유로 하천 내부에 음수대를 설치하기 어렵다는 설명이 뒤따랐다. 이용자는 산책로를 벗어나 인근 건

---

113   서울특별시 홍보기획관 홍보담당관 편, 「청계천복원사업 백서」, 서울특별시, 2006.

물의 편의시설을 이용할 수 있었지만, 청계광장 등 초입부 건물의 화장실은 일반 시민의 자유로운 사용이 제한되는 경우가 많았다. 이 때문에 청계천이 도심의 대표적 공공공간으로 기능하는 데 필요한 기본 편의시설이 충분히 갖춰지지 않았다는 문제가 제기됐다.

청계천 주변 상인 문제와 관련해, '청계천 상권 수호 대책위원회'가 강경파와 온건파로 분화됐다. 서울시는 협상에 응하는 온건파를 공식 협의 창구로 삼아 대표성을 부여하는 방식으로 대응했다는 지적이 나왔다. 철거민과 노점상 문제 역시 갈등이 지속됐다. 서울시경 정보과 형사가 현장에 상주하며 동향을 관리했고, 이 과정에서 이해관계 개입과 내부 분열을 조장했다는 비판이 제기됐다. 견해 차이를 확대하는 방식으로 사업이 추진됐다는 주장이다. 일부 연구자들이 청계천 복원 공사를 '선진적 갈등 관리 전략'의 사례로 평가했지만, 현장에서는 이를 받아들이기 어렵다는 반론이 이어졌다. 서울시는 사회적 약자의 권리를 충분히 보장하지 못했고, 갈등은 공사 기간 내내 반복됐다.

시민사회 연대기구에서의 갈등

청계천 복원 공사가 본격화하자 이에 대응하는 청계천

시민사회연대기구, 이른바 청계천 연대가 구성됐다. 이 연대체에는 시민단체, 인권·문화 단체, 노점상과 철거민 조직 등 다양한 대중조직이 참여해 공동 대응을 모색했다. 빈민단체 활동가로 참여한 나는 서울 시민의 공적 이익과 상인·철거민의 생존권이 대립하는 문제가 아니라 함께 논의하고 조정해야 할 사안이라고 봤다. 도시환경 개선과 사회적 약자의 권리는 병행돼야 한다는 입장에서 대응에 나섰다.

그러나 청계천 시민사회연대기구 내부에서는 노점상·철거민 등 당사자 조직을 이익집단으로 보는 시각이 일부 존재했다. 그 결과 당사자 조직의 참여가 연대기구의 순수성을 훼손할 수 있다는 의견이 제기됐고, 노점상·철거민 조직에 대해 연대기구 탈퇴를 공식 요청하는 상황에 이르렀다. 이 같은 견해 차이로 우리 단체는 연대기구에서 탈퇴했다. 도시 문제를 바라보는 관점에서 빈민단체와 시민사회단체 사이의 간극이 끝내 좁혀지지 못했고, 공동의 실천으로 이어지지 못했다. 아쉬움이 남는 대목이다.

대중조직은 통상 경제적 이해관계를 매개로 다수의 구성원이 결집한 조직을 뜻한다. 동시에 사회의 공적 목적을 위해 사회·정치·경제 등 여러 영역에서 대중의

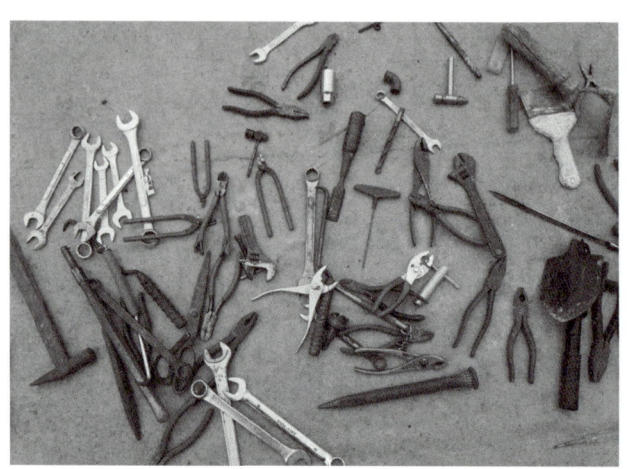

청계천 공구들, 2021년

참여와 행동을 조직하는 형태로 확장되기도 한다. 내가
속한 노점상·철거민 조직은 1980년대 군부독재에 맞
서 결성됐다. 이후 시민사회단체, 진보정당, 노동조합,
종교단체 등과 연대하며 다양한 사회적 의제에 함께 대
응해 왔다. 청계천 복원 과정에서 제기된 여러 쟁점 가
운데 가난과 배제의 문제에 맞서는 일이 과연 연대의 순
수성을 훼손하는가 하는 질문은 오래 남았다. 그날 대학
로 인근 시민단체 사무실을 박차고 나오던 순간의 심정
역시 쉽게 잊히지 않는다.

마치며
청계천을 걷다

2024년 10월, 비정규직 없는 세상 만들기 '꿀잠'이 기획한 청계천 답사 프로그램이 있었다. 여러 수녀님과 사회단체 회원들이 참여한 행사였다. 참가자들은 청계천 황학동 벼룩시장과 노점상 현장을 시작으로, 동대문디자인플라자, 전태일 열사의 분신 현장, 세운상가를 거쳐 최근 개발과 공사로 몸살을 앓고 있는 을지로 공구상가까지 둘러보았다. 전태일 기념관까지 이어지는 전체 거리는 3킬로미터가 넘는다.

이날 청계천 7가와 8가 사이에는 여전히 노점상들이 주변 이면도로에 수백 명가량 흩어져 장사하고 있었다. 특히 동묘 근처를 중심으로 한 휴일 장터는 평일보다 몇 배나 큰 규모로 형성되어 활기가 넘쳤다. 반면, 청계천 복원 공사로 동대문운동장을 거쳐 신설동 근처로 이전한 서울풍물시장은 2004년 개방 초기 시민들로 붐볐지만, 현재는 평일에도 제대로 운영되지 못하고 있었다. 현장을 둘러보니 점포 5곳 중 1곳꼴로 천막이 내려진 채 영업하지 않았고, 내부 상태도 열악했다. 건물 외

벽에는 내려앉고 깨진 유리가 눈에 띄고, 폐기물도 곳곳에 방치되어 있었다.

청계천 노점상들이 옮겨와 형성된 풍물시장 운영 예산마저 줄어들 위기에 처했다. 시의회 자료에 따르면, 서울시의 풍물시장 활성화 예산은 올해 34억 7,720만 원에서 내년 22억 9,597만 원으로 34퍼센트 감소한다. 이는 2014년 19억 9,330만 원 이후 11년 만에 최저 수준이며, 최초 편성 금액에서 4분기(약 8억 3,000만 원) 예산이 삭감된 결과다.[114]

이처럼 서울풍물시장은 다시금 위기에 놓인다. 과거 경기도 광주로 쫓겨난 철거민들처럼, 송파구 문정동 가든파이브로 이전한 상인들처럼, 동대문운동장으로 밀려난 노점상들처럼, 풍물시장의 미래 역시 불확실하다. 이미 서울시의회는 수년간 관리·운영 부실과 개선 필요를 이유로 예산을 대폭 삭감했다. 문제는 풍물시장이 원래 자생적으로 형성되는 공간임에도, 서울시가 개발 목적을 위해 인위적으로 조성한 결과로 오늘의 위기가 발생했다는 점이다. 20년이 지난 지금도 청계천 복원 공사를 둘러싼 갈등이 여전히 잠재해 있거나 진행 중이기

---

114 "청계천 노점상 옮겨간 서울 풍물시장, 운영 중단 위기", 서울경제, 2024.12.19.

청계천 답사 중 수녀님들과, 2024년

때문에 이 이야기를 꺼내는 것이다.

청계천 황학동에 발을 들이자, 여전히 백남준의 비디오 아트를 떠올리게 하는 풍경이 펼쳐졌다. 층층이 쌓인 텔레비전과 냉장고가 마치 설치미술처럼 자리를 차지하고 있었다. 오전 내리던 비가 그치고 햇살이 비치자 답사팀은 공구상가 골목으로 들어섰다. 스패너, 망치, 드릴 등 공구들이 천장 높이까지 촘촘히 쌓여 있었다. 외부에서 보면 아무렇게 놓인 듯해도, 상인들은 눈을 감고도 손만 뻗으면 필요한 물건을 정확히 찾아냈다. 적재적

소에 놓인 공구 덕분이었다. 겉으로는 금방이라도 와르르 무너질 듯 위태로워 보였지만, 각 공구는 경험을 바탕으로 차곡차곡 정교하게 자리 잡고 있었다. 그 사이 상인들은 허기진 배를 채우고, 한낮의 달콤한 잠에 몸을 맡기며 세상이 돌아가는 소식을 뉴스로 확인했을 것이다. 해가 저물면 견고한 쇠사슬로 물건을 묶고, 이웃과 막걸리 한 사발을 나누며 하루의 노동을 달랬다. 어떤 이에겐 무질서해 보일지 몰라도, 이 공간에는 정형화되지 않은 삶의 질서와 형식이 온전히 녹아 있었다.

신발도매상가 B동 주변으로 이동하자, 한때 청계피복노조 사무실이 있던 건물이 눈에 들어왔다. 어린 시절 큰형의 손을 잡고 처음으로 데모하는 노동자를 바라보던 장소이기도 하다. 이곳에서는 노동법 강좌 등 노동교실이 열리며, 배움에 목마른 이들의 배움터 역할을 했다.

2014년, 이 건물 옥상에서는 동대문 옥상낙원(DRP: Dongdaemun Rooftop Paradise)이라는 활동이 벌어졌다. 그들은 흩어져 있던 폐자재와 쓰레기를 치우고, 넓은 옥상에 풀과 나무를 심었다. 꽃을 심은 변기, 채소와 나물을 심은 세탁기와 욕조가 놓였고, 시간이 흐르자 엉킨 전선을 타고 넝쿨이 자라며 벌들이 청계천 하늘을 날았다. 옥상에서는 벼룩시장도 열렸다. 이 프로젝트는 2013년 서울시 청년허브사업을 통해 결성된 그룹이 시작했다. 10평 옥탑방을 빌린 청년들이 폐가구와 고장난 가전기기로 가득한 300평 규모 옥상을 발견하며, 이 공간이 "도시의 논리에서 자유로운 장소"라는 가능성을 끌어냈다. 꿀벌을 치며 도시농업을 실험하는 공간이기도 했다.

우리 집 창문 너머로 밤에도 옥상에서 무언가를 하는 이들의 모습이 보였다. 세미나를 열고 대화를 나누는 모습도 있었다. 어느 날에는 파티를 열어 음악과 반짝이는 불빛이 옥상을 가득 채웠다. 옥상은 새로운 공간으로 변할 가능성을 보여주었다. 겨울에는 잠시 조용해지지만, 봄이 오면 다시 분주히 움직였다. 옥탑방은 점차 멋진 주거공간으로 바뀌었다. 그 후 약 5년이 지나 코로나 팬데믹이 닥치자, 이들의 모습은 보이지 않게 되었다. 호기심 많은 사람들의 실험이 끝난 것일까. 답사에 참여한 사람들에게 이야기하니 모두 신기해했다. 이렇게 청계천은 젊은이들의 신선한 기획과 번뜩이는 아이디어가 공존하는 공간이다.

공사가 한창인 청계천 3구역에 다다르자, 1년 반 만에 찾은 탓인지 모든 것이 낯설게 느껴졌다. 커다란 펜스가 위압적으로 가로막아 어디가 어디인지 구분하기 어렵다. 빈 상가와 공장 안에는 철 지난 달력과 찢긴 신문, 연체료 고지서, 버려진 옷과 신발, 장부 몇 권이 주인을 잃은 채 널브러져 있다. 벽에는 곰팡이가 검게 피어 있었고, 멈춘 벽시계는 2시 즈음을 알리고 있었다. 찢겨나간 가족사진은 집안 내력을 은근히 드러낸다.

답사팀이 호기심 어린 발걸음으로 공구 골목 안으로 들어서자, 상인들은 금세 반가운 마음을 드러내며 맞이했다. 어둡고 적막했던 골목의 일상은 시끌벅적한 상인들의 환대로 기분 좋게 깨졌다.

어떤 이들은 청계천 공구상가를 굳건히 지키는 사람들을 두고, 이미 지나간 것과 낡은 것에 집착하는 고집스러운 이들, 과거를 잊지 못하는 사람들로 치부한다. 그러나 자고 일어나면 새로운 것이 쏟아지는 '속도의 시대' 속에서도 수십 년 동안 촘촘히 엮인 그물망처럼 생계 터전을 닦아 온 이들이 바로 그들이다. 청계천에서 만들어진 물건은 장인의 손을 거쳐 상인에게 전달되고, 이어 노점상까지 이어져 버려지는 것 없이 재생과 소비로 연결되며 튼실한 상권을 이뤘다.

오늘도 세운상가 주변의 한쪽에서는 요란한 굉음과 함께 굴착기가 고개를 들고 있고, 작은 공장 안에서는

오랜 삶이 보장받아야 할 청계천, 2019년

기계가 돌아가지만, 담벼락 너머로 철거가 진행되고 있다. 다른 한쪽은 젊은이들의 명소가 되어 밤이면 불야성을 이루며 호프집과 축제 공간으로 변해 있다. 청계천은 이렇게 서울 사대문 내 개발 앞에 속수무책으로 무너지는 우리 사회의 민낯을 여실히 보여준다.

임동우는 오늘날 도시 재생의 성공 여부를 좌우할 질문은 "어떻게 생산과 소비를 도시 내에서 자체적으로 해결할 것인가"라며, 장기적으로 지속 가능한 도시가 되려면 생산과 소비를 분리하지 않고 결합해야 한다고 말한다. 그는 또한 "오랜 시간에 걸쳐 진행된 산업화는 생산과 소비를 분리하는 방향으로 발전했고, 탈산업화 단계에 이르러 그 부작용이 드러나고 있다"라면서 산업화가 새로운 패러다임의 시작이었던 것처럼, 탈산업화 시기에도 새로운 패러다임이 필요하다고 강조한다.[115]

청계천에서 한 우물만 파거나 10년 이상 배우고 지켜온 사람들은 평생 열심히 일하며 살아왔지만, '열심히 고생하면 성공한다'라는 말 대신 삶의 보금자리에서 쫓겨나는 현실이 닥쳤다. '젊어 고생은 사서도 한다'라는 말이 거짓이 되고, 미래를 알 수 없는 불안정한 청계천

---

115   임동우, 『도시화 이후의 도시』, 스리체어스, 2018.

이 된 것이다. 답사를 마치며, 청계천 주변 가난한 이들의 저항이 중요한 선례로 기억되기를 바라는 이야기를 나눴다.

이곳은 계속 개발이 진행되고 있기에 도시에서 도시로 이어지는 저항을 다시 생각하게 한다. 데이비드 하비는 도시 혁명과 관련해 여러 테제를 제시하며, 계급 착취의 역학은 일터에만 한정되지 않는다고 말한다. 그는 "노동의 개념은 노동의 산업적 형태에 고착된 협소한 규정에서 벗어나, 점점 더 도시화하는 일상생활을 생산하고 재생산하는 데 수반되는 모든 것을 포함하도록 범주를 확장해야 한다"라고 강조한다. 따라서 자본가와 사회 엘리트들이 공적 공간에서 시민을 폭력적으로 몰아내고, "지배에 순응하지 않는 모든 시민을 감시하고 처벌하며 잡아 가두는" 도시 현실을 진단하며, 시민의 손으로 도시를 되찾는 방안을 제시한다. 하비는 자본주의는 저절로 무너지지 않는다고 하며, 전통적 공장노동자 중심 좌파 계급투쟁 및 혁명 전략의 한계를 지적한다. 대신 주부, 수리공, 노점상 등 삶을 위해 싸우는 민중세력이 공동체로 결집하고 상호 지원할 때, 부르주아지에 빼

개발에 항의하는 청계천 상인들

앗긴 도시를 시민의 것으로 되찾을 수 있다고 말한다.[116]

이제껏 살펴봤듯 청계천은 '개발과 성장'이라는 이름 아래 장소성과 역사성이 지속적으로 훼손되어 왔다. 공간 확보를 위한 치열한 경쟁 속에서 무언가를 만들어낸다는 신화는 퇴색했고, 삶의 공동체는 반복적으로 파괴되었다. 이제 그 악순환을 멈춰야 한다. 더 나은 내일을 위해서는 철저한 감시와 함께 공개적이고 투명한 행정이 필수적이며, 이를 통해 상호 신뢰를 구축해야 한다. 무엇보다 오래전부터 생계를 꾸려온 이들의 삶을 보장하고 현실화하기 위해, 노동자와 사회 각 부문 주체를 망라한 사회적 실천과 공공성 확대가 이어져야 한다. 가난한 이들이 배제되지 않는 도시를 만드는 노력 또한 필요하다.

오늘도 나는 청계천을 자전거로 달리며 집으로 돌아간다. 휘황찬란한 도시의 이면에서 질긴 생명력으로 모퉁이마다 삶을 이어가는 사람들을 바라보며, 힘차게 페달을 밟는다.

---

116 데이비드 하비, 『반란의 도시』, 에이도스, 2014.

참고자료

강현수, 『도시에 대한 권리: 도시의 주인은 누구인가』, 책세상, 2010.

경실련 도시개혁센터, 『[12기 도시대학] 도시를 바라보는 새로운 시선』, 경실련, 2006.

금기용 외, 『서울시 우리 동네 특화업종 생태계 연구』, 서울연구원, 2013.

노무라 모토유키, 『노무라 리포트: 청계천변 판자촌 사람들』, 눈빛, 2013.

데이비드 하비, 『반란의 도시: 도시에 대한 권리에서 점령운동까지』, 한상연 옮김, 에이도스, 2014.

리슨투더시티, 『동대문디자인파크의 은폐된 역사와 스타건축가』, 리슨투더 시티, 2014.

문화연대 · 전국빈민연합, 『동대문운동장 철거, 무엇이 문제인가 토론회 자료집』, 2007.

민주언론시민연합, 『빈민생존권 문제에 관한 최근 언론보도의 문제점 자료집』, 2013.

발레리 줄레조, 『아파트 공화국: 프랑스 지리학자가 본 한국의 아파트』, 길혜연 옮김, 후마니타스, 2007.

서우석 외, 『청계천 대학천 책방거리』, 청계천박물관, 2022.

서울역사박물관 조사연구과 편, 『도심속 상공인의 마을: 도심 상공인들의 생활문화』, 서울역사박물관, 2010.

서울역사박물관, 『서울발굴유물특별전 III: 청계천』, 서울역사박물관, 2006.

서울역사박물관, 『〈청계천 아카데미〉 교재2』, 서울역사박물관, 2007.02.

서울특별시 홍보기획관 홍보담당관 편, 『청계천복원사업 백서 1–3』, 서울특별시, 2006.

성지은, 「청계천 복원사업의 갈등관리 전략 분석」, 『한국사회와행정연구』 15권 4호, 2005.

손정목, 『한국 도시 60년의 이야기』, 한울, 2005.

수전 손택, 『타인의 고통』, 이재원 옮김, 이후, 2004.

심한별, 「서울 도심부 도시형태 및 생산활동의 변화에 대한 제도주의적 해석」, 서울대학교 대학원 박사학위논문, 2013.

심한별 외, 『청계천 기계공구상가: 장사동 입정동 산림동』, 청계천박물관, 2021.

앤디 메리필드, 『매혹의 도시, 맑스주의를 만나다』, 남청수 외 옮김, 시울, 2005.

올바른청계천복원을위한연대회의, 『서울시 청계천 사업 평가 토론회 자료집』, 2005.

이명박, 『청계천은 미래로 흐른다』, 랜덤하우스중앙, 2005.

이성아 · 안재성, 『이수갑 평전: 삼대 머슴에서 혁명의 전사로』, 한내, 2018.

이오주은, 「동대문운동장 공원화 사업엔 공원이… 없다?」, 『C3』 270호, 건축과환경, 2007.02.

이탈로 칼비노, 『보이지 않는 도시들』, 이현경 옮김, 민음사, 2007.

이태호, 『비장한 불꽃: 전태일 평전』, 인간과자연사, 2023.

임동우, 『도시화 이후의 도시』, 스리체어스, 2018.

임우진, 『보이지 않는 도시』, 을유문화사, 2022.

임진모 외, 『[메이드 인 청계천] 대중문화: '빽판'의 시대』, 청계천박물관, 2018.

장림종 · 박진희, 『대한민국 아파트 발굴사: 종암에서 힐탑까지, 1세대 아파트 탐사의 기록』, 효형출판, 2009.

장웅성, 「상생형 제조혁신 플랫폼을 통한 새로운 산업기술 발전방안」, 『KIET 산업경제』, 2017년 11월호.

전우용 외, 『청계천: 시간, 장소, 사람』, 서울학연구소, 2001.

전우용 외, 『청계천박물관』, 청계천박물관, 2015.

조광권, 『청계천에서 역사와 정치를 본다』, 여성신문사, 2005.

조명래 외, 『新개발주의를 멈춰라』, 환경과생명, 2005.

조영래, 『전태일평전』, 아름다운전태일(전태일재단), 2020.

청계천박물관 편, 『천변호텔, 3 · 10아파트』, 청계천박물관, 2019.

청계천박물관 편, 『청계천 기계공구상가: 붕어빵틀에서 인공위성까지』, 청계천박물관, 2021.

청계천박물관 편, 『청계천 벼룩시장 황학동』, 청계천박물관, 2020.

청계천시민위원회 연구보고서, 「청계천 역사성 및 자연생태성 회복(안)」, 2014.

최은숙, 『서울의 시장』, 공간, 1993.

최인기, 『가난의 시대: 대한민국 도시빈민은 어떻게 살았는가?』, 동녘, 2012.

최인기, 『떠나지 못하는 사람들』, 동녘, 2014.

최인기, 『청계천 사람들, 삶과 투쟁의 공간으로서의 청계천』, 리슨투더시티, 2018.

최혁규 외, 『입정의 기술, 정밀한 사람들』, 걷고싶은도시만들기시민연대, 2021.

한국도시연구소 편, 『인간주의 도시론』, 한국도시연구소, 1996.

한진금 외, 『잘 가, 동대문운동장』, 서울역사박물관, 2014.

메이커시티 세운 https://sewoon.org/resewoon_history

민주화운동기념사업회: 1970년대 빈민운동 구술사료 https://archives. kdemo.or.kr/oral-archives/list/205/1

서울풍물시장 http://pungmul.or.kr/kwa-921

입정동 한평공원 http://1py-cheongyecheon.com/

청계천박물관 https://museum.seoul.go.kr/cgcm/

청계천을지로보존연대 https://www.cheongyecheon.com/

청계천을지로보존연대 산업생태계 https://social-capital.cheongyecheon. com/

저항하는 청계천
서울 도심 개발과 밀려난 사람들의 역사

2026년 4월 25일 초판 1쇄 발행

지은이   최인기
편집   최인희
디자인   이경란
인쇄   도담프린팅
종이   우승페이퍼

펴낸곳   나름북스
펴낸이   조정민
등록   2010.3.16. 제2014-000024호
주소   서울시 마포구 월드컵북로5길 54-5
전화   (02)6083-8395
팩스   (02)2179-9683
이메일   narumbooks@gmail.com
홈페이지 www.narumbooks.com
페이스북 www.facebook.com/narumbooks7
인스타그램 @narumbooks

ISBN 979-11-86036-93-8 03300

책값은 뒤표지에 있습니다.